LE ROMAN DE TRISTAN

LE ROMAN DE TOLSTOÏ

DU MÊME AUTEUR

AUX ÉDITIONS DU ROCHER

Les Romans de la Russie éternelle, 2010
Le Fantôme de Staline, 2007 ; prix du Droit de Mémoire.
Le Roman de l'Orient-Express, 2006 ; prix André-Castelot.
Le Roman de la Russie insolite, 2005.
Diaghilev et Monaco, 2004.
Le Roman du Kremlin, Le Rocher-Mémorial de Caen, 2004 ; prix Louis-Pauwels, prix du Meilleur Document de l'année.
Le Roman de Saint-Pétersbourg, 2003 ; prix de l'Europe.
L'Histoire secrète des Ballets russes, 2002 ; prix des Écrivains francophones.
Les Tsarines, 2002.

CHEZ D'AUTRES ÉDITEURS

Les Amours de la Grande Catherine, Éditions Alphée-Jean-Paul Bertrand, 2009.
Paris-Saint-Pétersbourg : la grande histoire d'amour, Presses de la Renaissance, 2005.
Regards sur la France, ouvrage collectif sous la direction de K.E. Bitar et R. Fadel, Seuil, 2005.
Les Deux Sœurs, Lattès, 2004 ; prix des Romancières.
La Guerre froide, Mémorial de Caen, 2002.
La Fin de l'URSS, Mémorial de Caen, 2002.
De Raspoutine à Poutine, les hommes de l'ombre, Perrin-Mémorial de Caen, 2001 ; prix d'Étretat.
Le Retour de la Russie, en coll. avec Michel Gurfinkiel, Odile Jacob, 2001.
Le Triangle russe, Plon, 1999.
Le Département du diable, Plon, 1996.
Les Égéries romantiques, en coll. avec Gonzague Saint Bris, Lattès, 1995.
Les Égéries russes, en coll. avec Gonzague Saint Bris, Lattès, 1993.
Histoire secrète d'un coup d'État, en coll. avec Ulysse Gosset, Lattès 1991.
Histoire de la diplomatie française, Éditions de l'Académie diplomatique, 1985.

VLADIMIR FÉDOROVSKI

Le Roman de Tolstoï

éditions du
ROCHER

« Le roman des lieux et destins magiques »
Collection dirigée par Vladimir Fédorovski

© Éditions du Rocher, 2010.

ISBN : 978-2-268-06914-2

À Liovouchka, si lumineux, si généreux...

Introduction

À chacun son Tolstoï.

Le mien est lié à mon premier voyage en Afrique, au début des années 1970, quand je fus envoyé de Moscou à l'ambassade de Russie à Nouakchott.

Connaissant ma passion pour le romancier, ma mère m'offrit avant mon départ un cadeau précieux : les quatre tomes reliés du journal intime de ce géant de la littérature russe, dans une édition numérotée d'avant la révolution de 1917. J'eus ainsi tout le loisir de me plonger dans l'univers tolstoïen.

J'arrivai à Nouakchott en septembre 1972. Jadis petit port de quelque centaines d'âmes décrit par Saint-Exupéry dans *Terre des hommes*, la ville compte de nos jours près de huit cent mille habitants. À l'époque, elle portait encore les marques du mariage de l'océan et du désert – ou, inversement, de l'affrontement des deux éléments –, qui me rappelait la peinture moderne. Les dunes ocre virant au rose selon la lumière et le bleu de la mer, des courbes à l'infini et quelques rues goudronnées bordées de maisons blanches et de lauriers-roses…

Le mois de mars était le pire, à cause des vents de sable. Les femmes souffraient de maux de tête et restaient couchées toute la journée. Pendant la saison chaude, les gens partaient ou restaient chez eux avec un bon livre. La ville subissait des invasions de sauterelles qui dévastaient les jolis jardins entretenus avec soin. Parfois l'eau manquait – pour remédier à cela, les Chinois construisirent un château d'eau près de la ville. Les marchands qui y tenaient boutique pleuraient leur Liban natal. Les Français venaient y faire leur service militaire. Les coopérants cherchaient à se caser, les Russes à gagner de l'argent.

En Afrique, je fis la connaissance de Français et de Marocains, de Sénégalais et d'Allemands, d'Italiens, d'Espagnols et, bien sûr, de Mauritaniens. Nouakchott abritait une trentaine d'ambassades dont les membres se côtoyaient. Tout ce petit monde se rencontrait dans les réceptions et les dîners, sur la plage, ou chez les uns et les autres. L'ambiance était unique.

Nous étions jeunes et heureux ainsi. Mon meilleur ami sur place, Georges Vladut, était conseiller du président mauritanien, représentant de la Communauté européenne. Nous aimions danser, et la villa de Georges devint une sorte d'attraction. Lorsqu'il s'y installa, Georges entreprit d'y faire un très beau jardin. Il compléta le mobilier puis aménagea une partie de la terrasse en salle de danse avec musique et lumières.

Pratiquement chaque jour, je feuilletais Tolstoï et en discutais avec mes amis, recueillant leurs impressions. J'étais étonné de les voir presque tous conquis par son œuvre. À la fin de mon séjour en Mauritanie, en lisant et relisant les journaux intimes de l'écrivain, j'avais acquis la certitude que ces textes, plus que d'autres, donnaient les véritables clés pour déchiffrer l'énigme de son existence.

À vrai dire, c'est à cette époque que j'ai décidé d'écrire ce *Roman de Tolstoï* que je termine aujourd'hui, à l'heure du centenaire de sa mort. Quelle vie romanesque ! Lev Nicolaïevitch Tolstoï fut toujours tiraillé entre son tempérament volcanique et sa conscience exacerbée. Sa soif de plaisirs charnels l'éloigna constamment de la paisible route de sa campagne chérie où il aurait tant voulu, pourtant, mener une existence d'ascète.

Lui-même résuma ainsi sa vie :

« J'ai constaté que toute ma longue vie se divise en quatre périodes : la première, merveilleuse, surtout si on la compare à celle qui devait lui succéder, innocente, joyeuse et poétique période de mon enfance, allant jusqu'à quatorze ans (1828-1842).

« Puis, l'horrible deuxième période, s'étendant sur vingt années, de la dépravation la plus grossière, de l'asservissement à l'ambition, à la vanité et, surtout, à la concupiscence (1842-1862) ; ensuite, la troisième période, allant de mon mariage à ce que j'appelle ma naissance spirituelle, période qui, du point de vue du monde, peut être appelée morale.

« Pendant ces dix-huit ans, j'ai, en effet, vécu une vie régulière, honnête, familiale, exempte de tous les vices qui encourent la réprobation publique. Mais, durant tout ce temps, je ne me préoccupais égoïstement que de ma famille, de l'accroissement de ma fortune, de mes succès littéraires et de divers autres plaisirs et distractions (1872-1880).

« Enfin, vint la quatrième période dans laquelle je vis maintenant, dans laquelle j'espère mourir et du sein de laquelle je vois toute la signification de ma vie passée... Je voudrais pouvoir raconter l'histoire de ma vie durant ces quatre périodes successives, si Dieu m'en donne les forces et le temps. Je pense qu'une telle biographie, écrite par moi, serait plus utile aux hommes que tout ce bavardage artistique qui remplit les douze volumes de mes œuvres et auxquels les hommes de notre temps attribuent une signification imméritée[1]. »

---

1. *Notes autobiographiques,* rédigées par Tolstoï en 1903 et envoyées à son fidèle biographe, Paul Birioukov.

À travers ces lignes transparaît le permanent combat entre le Bien et le Mal qui semble traverser son âme, comme la foudre. Cette quatrième période évoquée par Tolstoï s'étend donc de 1880 – point culminant de sa crise morale – jusqu'à sa mort, le 20 novembre 1910.

Cependant son œuvre tout entière peut être considérée comme un vaste ensemble d'éléments « familiaux » entièrement biographiques auxquels le génie de l'écrivain a su donner une ampleur épique, conférant une réelle portée universelle à son propre « roman de Tolstoï ».

Le fief des Tolstoï

Jeune aristocrate menant une vie légère et dissolue, Tolstoï partit combattre au Caucase et en Crimée. Il en revint avec une aversion pour la guerre et un intérêt profond pour la nature humaine. Après deux années passées à l'étranger, il s'installa dans la grande propriété familiale où il fonda une école villageoise pour améliorer le sort des paysans. Peu à l'aise dans les cercles intellectuels, il cherchait un réconfort moral au sein de la vie familiale. C'est à cette époque qu'il écrivit *Guerre et Paix*, en 1869, puis *Anna Karénine*, en 1877, une peinture des mœurs et de la société russe qui lui valut une renommée internationale.

Critique du matérialisme et de l'individualisme du monde moderne, il prônait les vertus simples de la vie rurale, principale source de la civilisation russe. Plongeant par toutes ses racines dans l'histoire de son pays, il fut en quelque sorte l'émanation de sa classe et le héros de son temps, aussi bien par ses goûts que par son style de vie et sa pensée. Cet aristocrate appartenait bien plus au XVIIIe qu'au XIXe siècle. Son penchant pour l'utopie, sa haine de la civilisation, sa passion pour la vie champêtre et son aspiration à la paix de l'âme portée à l'infini s'apparentaient étroitement à l'esprit de Rousseau, de Voltaire et de Diderot. Son génie exacerbé le poussait à critiquer et à vouloir saper toutes les institutions religieuses et sociales.

Or, depuis ma jeunesse « africaine », je voyais surtout en Tolstoï un personnage éminemment moderne, symbole de la recherche de la spiritualité et de l'amour, comme s'il préfigurait les grands motifs du XXIe siècle. Cette thématique m'accompagne encore au moment où j'écris ces lignes, alors que je refais défiler les images de mon premier pèlerinage, à l'âge de quatorze ans, dans la maison où il vécut.

En traversant les champs rougeoyant de coquelicots entourant la demeure de l'écrivain, je m'attendais à voir surgir un château fort. Mais lorsque je m'engageai dans la grande allée bordée de bouleaux, je découvris une charmante gentilhommière flanquée de deux petites tours rondes aux toits verts. Dans le vestibule trônait une horloge anglaise du XVIIIe siècle. La salle à manger était une vaste pièce ornée de tableaux de famille, avec un samovar en argent et un piano noir, où tout le monde se retrouvait, les enfants, les amis, les familiers, les invités…

Léon Tolstoï naquit le 28 août 1828 sous le règne du tsar Nicolas Ier et le gouvernement de Toula, à environ deux cents kilomètres de Moscou, dans ce domaine familial de Iasnaïa Poliana, « la claire clairière » – un pléonasme en français mais pas en russe, où l'adjectif et le substantif n'ont pas la même racine. C'est là qu'il vit le jour, sur le divan de cuir de la chambre de sa mère. « Sans mon domaine, je peux difficilement me représenter la Russie et mon sentiment à son égard[1] », disait-il souvent.

À l'entrée du parc se dressent encore, de chaque côté de l'avenue plantée de bouleaux, les deux tours, devenues massives et rondes, surmontées d'un toit en forme de chapeau chinois. Érodées à leur base par le temps, elles furent recouvertes d'une chaux qui laisse entrevoir, sous

---

1. Le journal intime, les lettres et les œuvres de Tolstoï sont cités d'après l'édition jubilaire des *Œuvres complètes* de Tolstoï (voir la bibliographie).

l'enduit, les petites briques rouges des forteresses ancestrales de la Russie éternelle.

Aussi bien par son père que par sa mère, Tolstoï appartenait aux grandes familles qui ont marqué l'histoire du pays. Un de ses aïeux, Pierre Tolstoï, fut l'homme de confiance et le chef de la police secrète de Pierre le Grand, qui lui conféra le titre de comte. La famille de sa mère – les Volkonski –, encore plus ancienne, est entrée dans les annales. Sous Catherine II, le grand-père maternel de Léon, le prince Nicolas Volkonski, fut général d'infanterie puis ambassadeur de toutes les Russies à Berlin. À la fin du XVIIIe siècle, au temps du fantasque tsar Paul Ier, il prit sa retraite, après avoir épousé la princesse Catherine Troubetskoï, et se retira dans son domaine de Iasnaïa Poliana où une sentinelle en armes montait nuit et jour la garde auprès des tours en briques roses qui encadraient l'entrée du domaine. C'est ce grand-père qui servit à Tolstoï de modèle pour l'inoubliable vieux prince de *Guerre et Paix*. Veuf de bonne heure, il vécut en solitaire à Iasnaïa Poliana avec sa fille unique Marie, qui épousera le comte Nicolas Tolstoï en 1821.

Maître sévère mais juste, le prince était respecté de ses serfs. Doué d'un goût esthétique très sûr, c'est lui qui avait fait bâtir une vaste construction de bois à colonnades et à balcons, avec un péristyle surmonté d'un fronton, typique des constructions russes du XVIIIe siècle. Autour de l'énorme tronc d'un orme antique, il avait fait placer des sièges et des pupitres, où, pendant qu'il faisait sa promenade matinale, les musiciens de son orchestre exécutaient ses airs favoris.

Le vaste parc, avec ce petit brin de négligence qui fait souvent le charme de ce pays, était entouré d'un rempart et d'une immense forêt domaniale, avec quatre étangs poissonneux. De magnifiques arbres centenaires appelés « les tilleuls des princes » ombrageaient les allées sablées. Des prairies, ou plus exactement un moutonnement de frondaisons, couvraient toute la colline, et une plaine ouvrait sur un immense horizon, jusqu'à la bande bleue, tout en bas, de la rivière qui serpentait entre les hautes herbes. Non loin passait la vieille route de Kiev, qui assurait le défilé ininterrompu des pèlerins se rendant dans les nombreux monastères de la région.

La maison où vivra Tolstoï par la suite est constituée des deux dépendances de la maison seigneuriale d'autrefois. Haute de deux étages, elle est d'une architecture très simple et dépourvue de toute ornementation ou recherche. Seuls les portraits d'ancêtres qui couvrent les murs du salon rappellent les nobles origines du maître du lieu.

L'enfance

Deux déceptions amoureuses précédèrent de quelques années la naissance du futur géant de la littérature : avant d'épouser le comte Tolstoï, sa mère, la « princesse Marie », était fiancée à un prince Galitzine. Mais peu de temps avant la date fixée pour le mariage, le fiancé mourut de la fièvre typhoïde. La deuxième infortune concerna le comte lui-même. Nicolas aimait passionnément une cousine éloignée, du même âge que lui, orpheline recueillie par ses parents. Cette parente pauvre, Tatiana Yergolskaia, surnommée Toinette, était charmante avec sa longue tresse brune, ses yeux brillants comme l'agate et son visage énergique et fier. Elle aussi aimait son cousin, mais dut renoncer à la perspective de cette union difficile.

Ce fut donc la princesse Marie qui se laissa marier, à trente et un ans, au comte Tolstoï, de cinq ans son cadet. C'était l'exemple même du mariage arrangé... La princesse possédait une grande fortune, et le jeune comte, gai et brillant, lieutenant-colonel de hussards à la retraite, se trouvait confronté à une succession difficile après le décès de son père – situation très fidèlement décrite dans *Guerre et Paix*. Même si la passion amoureuse leur manqua toujours, une tendresse et une profonde estime réciproques suffirent à assurer l'équilibre du couple.

Après leur mariage, les parents de Léon Tolstoï s'installèrent à Iasnaïa Poliana. Naquirent alors les fils : Serge,

Nicolas, Léon et Dimitri. Neuf ans après son mariage, la comtesse Tolstoï mourait en donnant le jour à sa fille Marie. Nicolas Tolstoï, resté veuf, continua à habiter Iasnaïa Poliana avec sa mère et ses enfants.

Le petit Léon n'avait que dix-huit mois quand il perdit sa mère. On ne possède aucun portrait d'elle, mais nous savons qu'elle était douce et charmante, très instruite, bonne musicienne, et possédait – selon la formule de Tolstoï – « un don d'imaginer et de raconter de merveilleuses histoires ». Outre le russe, elle parlait couramment le français, l'anglais, l'allemand et l'italien. Elle était d'une nature délicate, sensible, et d'une remarquable modestie.

Dans la maison familiale, on errait de chambre en chambre, se chauffant près des poêles, bavardant autour des samovars : une population diverse et mal définie qui se nourrissait chez le seigneur ; des amis venus en visite, des pèlerins hébergés pour une nuit ; des orphelins recueillis ou des pupilles qui n'étaient souvent autres que des enfants naturels ; sans parler des fameux précepteurs français ou des gouvernantes anglaises... Une trentaine de personnes, au dire de Tolstoï. Toute sa vie, il gardera en lui le parfum de vieux chêne de cette maison remplie de meubles passés de génération en génération.

Parfois, Léon voyait rôder dans la cour, vêtu comme un paysan, un adolescent de quelque huit ou dix ans plus âgé que Nicolas, son frère aîné. On l'appelait par son prénom, Dimitri, ou son diminutif, Mitenka. Lui et le comte se ressemblaient comme deux gouttes d'eau. C'était leur demi-frère, un fils naturel que le comte, à seize ans, avait eu d'une serve, à laquelle ses parents l'avaient uni, selon l'usage, « pour sa santé ».

Au début de l'automne 1836, le comte décida que le moment était venu pour ses fils aînés de suivre les cours d'un gymnase, établissement secondaire où l'on apprenait, entre autres, le latin, le grec et le slavon. Alors les gouvernantes, les jeunes serfs particuliers attachés à la personne des enfants, les trente domestiques, tout le monde partit pour Moscou : les uns en calèche, les autres en *tarantass*[1], les chevaux de selle menés par les palefreniers, et les chariots derrière, avec les gros bagages.

Plus de deux cents kilomètres ! Un long trajet à l'époque, ponctué de collations aux relais, d'une voire deux ou trois nuits de halte en quelque hôtellerie, de rencontres avec les pèlerins dans la salle commune et, de nouveau, le départ, à l'aube. Qu'importaient les cahots, par ces journées encore superbes, bercées par la note claire et monotone des clochettes qui tintaient au cou des chevaux. Les jeunes voyageurs semblaient absorbés par la même rêverie, le soleil dardait les allées d'érables roux, les prés encore un peu humides et dégarnis exhalaient un parfum délicat d'écorce, le silence frais du matin n'était brisé que par le chant des merles.

---

1. Voiture rustique populaire à quatre roues, posée sur deux jeunes arbres dans toute leur longueur, qui forment ainsi une sorte de ressort. C'était la seule voiture utilisable sur les mauvais chemins de la plupart des provinces.

Moscou

Enfin apparurent les coupoles d'or, à l'horizon. Bientôt, le pittoresque convoi atteignit les faubourgs sud de la vieille capitale. Moscou avait conservé son ancienne apparence de ville de province, typique et féerique, avec ses traits légendaires de « troisième Rome » d'une civilisation à part. Cette idée s'ancra dans la tête du petit Léon, alors âgé de huit ans, qui dès son enfance devint un grand patriote russe.

Au cœur de la ville, le Kremlin se dressait comme un décor étonnant. En ces lieux, le monde slave a donné libre cours à son génie, le meilleur et le pire, déconcertant l'esprit cartésien. À Saint-Pétersbourg, un voyageur se trouvait alors déjà quelque part en Europe ; à Moscou, les jeunes Tolstoï plongèrent dans l'univers insolite de la Russie authentique. Vu de la berge de la Moskova, le Kremlin formait un prodigieux entassement de monastères bleus et de palais orange, de terrasses, de dômes et de belvédères, d'églises blanches plus hautes encore, étageant les unes au-dessus des autres leurs toitures vert amande et leurs clochers dorés.

Des églises, quatre cent cinquante en tout, s'élevaient à tous les carrefours, chacune avec son crépi au ton vif, ocre rose, ocre jaune ou bleu ciel. Le Moscou de 1836 était une cité patriarcale et presque rurale. Des couleurs juxtaposées ressortait une image composite, étrangement bigarrée. En bordure des prés, la semelle poudreuse de la route cédait à un pavage de galets roses. Des perspectives trop larges s'enfonçaient à travers de plats faubourgs. Les boutiques basses semblaient écrasées par les lettres énormes des enseignes. Au fond des cours apparaissaient des palais splendides…

Toutes pâles dans la clarté du jour, des lampes veillaient, çà et là, nichées en des coins de murs, devant des icônes aux couleurs flamboyantes. Des commis, portant la casquette à visière tombante, les bottes et la chemise par-dessus la culotte, se signaient vite, en passant. Mais la préférence du petit Léon allait aux bazars de la place Rouge. Le labyrinthe recelait plus de mille boutiques aux étalages barbares : broderies, laques, peaux brutes, couteaux, émaux, surtouts de table, horloges anciennes…

Des marchands barbus et bottés, debout sur le pas de leur porte, conviaient les passants à entrer dans leur échoppe. La foule déambulait, paresseuse et pauvrement vêtue. Sur les articles en vitrine ne figurait aucun prix. Le moindre bout de tissu, la plus grossière écuelle de bois étaient prétextes à des discussions interminables. À côté d'un paysan haillonneux, fouillant parmi des coupons d'étoffe, une jeune femme enveloppée dans un somptueux manteau de zibeline examinait à travers son face-à-main de délicates dentelles de Bruges. Un bijoutier leur proposa ses articles d'argent et d'or, en insistant sur le fait que le titre de l'argent russe employé en orfèvrerie était plus élevé que celui de l'argent français, mais en se gardant bien de dire que, pour les objets en or, c'était exactement le contraire…

Non loin de là, en bordure de la place des Théâtres, se tenait un marché plus étrange encore, Okhotny Riad. Le long des éventaires en plein vent, croulant sous les victuailles, se dandinait la cohue bariolée des ménagères. Fichu sur la tête, bottes de feutre aux pieds et panier sous le bras, elles palpaient des doigts la volaille, les poissons et les viandes exposés. Des poules caquetaient, des porcelets criaient dans leurs cages. De robustes chasseurs, harnachés de lièvres, de canards et de faisans à l'œil mort, déambulaient entre les groupes en proposant leur gibier. Un vétérinaire ambulant, son attirail de bistouris pendu à la ceinture, se déchaussait et enfonçait un chat, la tête la première, dans sa botte, pour le châtrer plus commodément. Des commères l'entouraient, sérieuses, recueillies. Le chat hurlait. Sa propriétaire se signait.

Par les fenêtres à double vitrage, le petit Léon pouvait contempler les gros flocons de neige qui tombaient sur Moscou. Dans les eaux noirâtres de la Moskova se reflétaient les ponts et les colonnes ruisselantes des réverbères. Sur une hauteur, la cité s'étendait avec ses jardins sombres.

Dès qu'on s'éloignait du centre, l'animation se limitait à quelques voies commerçantes. Située en lisière de la grande ville, la petite rue Pliouchtchikha, où habitèrent les Tolstoï, et qui existe toujours, est parallèle et presque en bordure de la rive de la Moskova. Chaque semaine, selon la coutume, un convoi de ravitaillement y apportait, de la campagne, des provisions de toute nature, depuis le foin et l'avoine jusqu'aux pâtés de lièvre et aux paniers de fruits.

Alentour s'étirait un réseau inextricable de ruelles dans lequel le petit Léon s'engageait le nez au vent sans connaître son chemin. Ce labyrinthe était à l'époque un des charmes de la ville. On y savourait la bonhomie et la simplicité des mœurs patriarcales. La fine fleur de l'aristocratie y sentait à la fois sa province et son ancienne capitale, et habitait ces fameuses maisons de bois habillées d'une douce peinture grise ou d'un crépi laiteux, entourées de grands jardins qu'emplissait, au printemps, le chant des rossignols.

À ce nouveau spectacle, Léon s'étonna-t-il ? À vrai dire, depuis sa plus tendre enfance, les imageries et les récits de sa nourrice bien-aimée l'avaient déjà familiarisé avec la vieille capitale. De plus, le petit garçon ne s'intéressait guère à l'époque aux chefs-d'œuvre de l'architecture moscovite ; il se préoccupait bien plus de ce qui émanait de sa propre personne : « Que pensent les autres de moi ? » s'interrogeait-il sans cesse.

Ses yeux ne le satisfaisaient point, et son nez, large et épaté, arrondi du bout, le désespérait – à l'approche de la quarantaine, l'homme en prendra enfin son parti, voyant même dans ce nez aquilin un don du ciel ! Il désirait être bien perçu, loué, félicité. Ainsi, à travers cet excès de vanité, le tourment moral déjà occupait l'âme du jeune Tolstoï. L'essentiel pour lui était de ne pas paraître ordinaire, de ne pas passer inaperçu, enfin d'étonner.

Un jour, au risque de se casser les jambes, il sauta par la fenêtre d'une hauteur de cinq mètres. Transporté évanoui sur son lit, il demeura endormi pendant dix-huit heures et se réveilla en parfaite santé… Au manège, la première fois qu'il monta sur un cheval de bois, se sentant glisser, il préféra serrer les dents et refusa qu'on le tienne… Il ne poussa aucun cri dans sa chute et, bien qu'il eût envie de pleurer, demanda qu'on le remît en selle.

Cet orgueil sans limites éclata au grand jour lors d'une autre occasion. Le petit Léon aimait d'amour tendre une petite fille, de quelques années plus âgée que lui – et qui deviendra bien plus tard sa belle-mère ! Comme son amie minaudait avec un autre garçon, il lui infligea une bourrade qui la fit tomber du haut d'un balcon. Elle en resta boiteuse pendant longtemps.

Un amour-propre excessif ne suffit pourtant pas à expliquer un tel geste, qui recèle une violence instinctive. Cette brutalité prit aussi la forme d'un accès de rage, un jour où Prosper Saint-Thomas, le précepteur français du petit Léon, le menaça de lui donner les verges pour une faute qu'il n'avait pas commise. Ici, la fureur s'enrichit d'un sentiment qui dominera l'esprit de Tolstoï toute sa vie durant : l'indignation face à l'injustice.

Cohabitaient également déjà chez l'enfant des sentiments ambivalents, tels son attachement à l'individualisme et son penchant pour l'universalité. Léon éprouva aussi très tôt un impétueux besoin d'aimer : aimer le plus fort possible et le plus de gens possible à la fois. Quelque nombreuse que fût sa famille, il s'était aperçu qu'il existait ailleurs d'autres cercles. Par-delà ses trois frères aînés et sa sœur cadette, il pressentait l'existence d'un univers de frères et de sœurs anonymes, prenant ainsi « conscience de l'Humanité ». Son bon frère aîné Nicolas n'était pas étranger à cette découverte. Ayant appris l'histoire d'une secte évangélique, la secte des Frères Moraves – qu'il appelait les « Frères Fourmis » confondant *moraves* avec *mouraveï*, qui en russe signifie « fourmi » –, il avait inventé un jeu.

À son signal, tous les enfants se rassemblaient sous des chaises recouvertes de châles et demeuraient là sans bouger, serrés les uns contre les autres, se pénétrant de l'idée qu'ils étaient les « Frères Fourmis », qu'ils s'aimaient entre eux, qu'ils aimaient tout le monde. Ce jeu immobile plaisait au petit Léon – sans doute s'amusa-t-il du calembour –, mais cette immobilité était trompeuse. Car à l'inertie du corps correspondait, à son insu, une activité spirituelle intense. Léon faisait le vide en lui et, du même coup, il aimait, il se sentait inondé d'amour. Qu'était cet amusement enfantin, sinon un exercice spirituel, qui s'ancra profondément dans l'âme du futur prophète ?

À ce frère aîné revient encore le mérite d'avoir initié les autres enfants aux mystères du « petit bâton vert ». Avec sa douce autorité, il leur confiait en baissant la voix qu'il connaissait un moyen de rendre heureux tous les hommes. Ce secret, il l'avait écrit sur un petit bâton vert qu'il avait enterré dans le parc de la propriété, au bord du ravin, près de la source, là où poussaient les myosotis au printemps...

Cette période d'insouciance n'allait pas durer. En effet, l'année qui suivit l'installation à Moscou, un jour de l'été 1837, le comte Nicolas Tolstoï, qui s'était rendu à Toula pour y rencontrer ses fermiers, mourut subitement en pleine rue. L'argent et les valeurs qu'il portait sur lui ayant disparu et, plus tard, des titres nominatifs ayant été rapportés clandestinement par une inconnue, le bruit courut que le comte avait été empoisonné par un de ses valets de pied... Il est toutefois plus probable que sa mort soit due à une attaque d'apoplexie.

Léon n'avait pas encore neuf ans. Ce fut la fin de ce temps radieux évoqué dans sa première œuvre, *Enfance*[1] : « Heureuse, heureuse époque de mon enfance, perdue sans retour ! Comment ne pas aimer, ne pas chérir son souvenir ! Ces souvenirs rafraîchissent et élèvent mon âme et sont pour elle la source des plus grandes jouissances... » Ou dans ses *Notes autobiographiques* : « Mes plus agréables souvenirs de mon père sont liés aux soirées qu'il passait, assis auprès de sa mère, sur le divan, et l'aidant à faire ses réussites. Mon père était courtois et doux avec tout le monde, mais avec ma grand-mère, il était tout spécialement tendre et respectueux. Je me souviens qu'un soir, au milieu de ses réussites et de la lecture à haute voix, faite par une de mes tantes, mon père arrêta d'un geste la lectrice et lui montra quelque chose dans la glace. Nous nous tournâmes du même côté : le laquais Tikhon, sachant mon père occupé au salon, se dirigeait à pas feutrés vers son bureau pour chiper le tabac qui se trouvait

---

1. L'atmosphère générale de l'enfance et de l'adolescence de Tolstoï sera rendue, d'une manière exacte et poétique, dans ses premiers écrits.

dans une grande tabatière en cuir, pliée en forme de rose. Mon père voyait dans la glace la silhouette qui s'avançait prudemment, sur la pointe des pieds. Mes tantes riaient. Ma grand-mère mit longtemps à comprendre, puis sourit elle aussi joyeusement. J'étais enthousiasmé par la bonté de mon père et, en lui souhaitant bonne nuit, j'embrassai avec une tendresse particulière sa main blanche aux grosses veines apparentes. J'aimais beaucoup mon père, mais ne sus à quel point cet amour était profond que lorsqu'il mourut. »

Neuf mois après cet événement, la grand-mère de Léon mourait à son tour.

Après la mort du comte Nicolas Tolstoï, la tutelle des orphelins fut confiée à la sœur aînée du défunt, Alexandra van der Osten-Sacken, « tante Aline », comme l'appelaient les enfants. Jadis, elle avait déclamé des vers français, joué de la harpe et triomphé dans les bals. Désormais, elle était – selon les termes de Léon – « fanée et rigide. Mais même malgré son âge avancé, il lui restait de beaux yeux bleus ».

Pour alléger la dépense, le règlement des successions n'étant pas achevé, il fut convenu que seuls les deux aînés resteraient à Moscou poursuivre leurs études. Les autres enfants furent envoyés à la campagne.

Deux ans s'écoulèrent ainsi. À l'automne, de nouveau la tribu entière se regroupa à Moscou, où elle passa l'hiver, les plus jeunes des garçons ayant eux-mêmes atteint l'âge des études sérieuses. En 1841, tante Aline, sentant venir sa fin, se retira au couvent où elle s'éteignit au mois d'août de la même année. Sa sœur, Pélagie, la remplaça aussitôt.

Les jeunes Tolstoï prirent alors le chemin de la Volga, au bord de laquelle vivait leur tante…

L'adolescence à Kazan

Une basse prairie, d'une largeur de six kilomètres environ, que les crues printanières de la Volga inondaient chaque année, séparait les collines où se dressait la ville de Kazan.

Cette ville fut conquise au XVIᵉ siècle par le premier tsar russe Ivan le Terrible, qui remporta de nombreuses victoires sur les Tartares et agrandit son royaume vers l'est et le sud-est. Après de longues délibérations et des messes solennelles, ce monarque fantasque quitta Moscou en direction de la Volga, pour reprendre la ville de Kazan, symbole de la présence tartare sur la terre russe. L'artillerie et les explosions d'une dizaine de tonneaux de poudre sous ses murs la firent tomber le 2 octobre 1552, après un siège de six semaines. Plus tard, l'armée russe s'empara de la forteresse d'Astrakhan, située à l'embouchure de la Volga. Ainsi le fleuve des Tartares, l'Itil, devint-il le fleuve sacré des Russes, la Volga-mère.

Au premier plan, dormait une flotte de navires aux proues larges et carrées, hérissée d'une forêt de mâts. Plus loin, au milieu du courant, des bateaux à la silhouette plus allongée, attachés les uns aux autres, formaient de véritables îlots couronnés de flèches et de cordages. Derrière une étendue d'eau calme s'alignaient encore des coques disparates, des bâches cabossées, des voiles flasques. Une foule de débardeurs grouillait dans un bain de buée bleuâtre.

Sur le rivage du fleuve, l'interminable horde des gueux marchait péniblement. Un câble les reliait au mât du bateau qu'ils avaient pris en remorque. L'extrémité de ce câble était garnie de sangles en cuir, distribuées par paires, et soutenant chacune un court bâton. Les haleurs étaient attelés aux sangles et appuyaient de tout leur poids sur le bâton placé à la hauteur de leur ceinture. Le navire étant de médiocre importance, un rang de haleurs suffisait à le mouvoir. Une mélopée sourde et rudement scandée accompagnait leur effort. Ils avançaient tous ensemble le pied droit. Mais leur fardeau était si lourd qu'ils ne pouvaient avancer autant le pied gauche et se contentaient de le ramener au niveau de l'autre. Un mouvement du buste en avant, une puissante inclination de l'épaule et, de nouveau, tous les pieds droits se déplaçaient dans la boue du chemin de halage. Le rythme monotone du chant réglait la marche si rigoureusement qu'il était impossible pour les uns de ralentir le pas sans gêner les autres. Lorsque le vent était favorable, ils pouvaient couvrir trente à trente-cinq kilomètres dans une journée.

Le chant des haleurs s'était tu.

Vue de loin depuis le débarcadère, Kazan avait belle mine, avec son vieux Kremlin dominé par une tour tartare, les coupoles de ses cinquante églises et les minarets de ses quinze mosquées. La beauté de Kazan, telle une fenêtre ouverte sur un lointain horizon, semblait déterminée par l'énormité des eaux et l'immensité des terres. Mais en s'approchant, l'illusion cessait : la brique du Kremlin s'effritait, la tour principale menaçait de tomber en ruine et les bâtiments officiels, toujours dans ce style néogrec de mauvais goût, reflétaient une médiocrité bureaucratique.

Où étaient donc passés les vestiges de cet ancien empire tartare ? Sans doute survivaient-ils dans le sang russe, le sang des vainqueurs de l'antique Tartarie. Mais la ville poursuivait son destin ancestral en accord avec ses trombes de poussière jaune – la poussière d'Asie – dont elle s'enveloppait en été.

Tolstoï séjourna environ quatre ans dans cette cité orientale. Les deux premières années, le jeune Léon suivit les cours du lycée, préparant l'examen d'admission à la faculté des langues orientales.

Le 20 septembre 1844, il fut admis à l'université de Kazan. Il pensait alors suivre une carrière diplomatique. Élève médiocre et étudiant irrégulier, il ne se mettait au travail que par à-coups et se montrait surtout ouvert aux choses de l'esprit. Il semblait choisir les matières à sa guise, négligeant tout ce qui ne l'intéressait pas, se comportant non comme un cancre, mais comme un garçon singulier et effronté qui osait discuter les principes établis, réfutant une obéissance aveugle à l'autorité universitaire, comme il le ferait plus tard avec la hiérarchie de l'État.

Ayant raté les examens de fin d'année – par suite, dira-t-il, de l'injustice d'un examinateur, le professeur d'histoire russe, lequel s'était brouillé avec sa famille peu de temps auparavant –, il refusa de redoubler sa première année et demanda à changer de faculté. Il commença alors à suivre des cours de droit.

Ce « prétentieux aux yeux gris », tel que le désignait un de ses professeurs de droit, n'avait de cesse de critiquer tout le monde, du proviseur au recteur, et jusqu'au ministre de l'Instruction publique. En 1846, il subit une peine administrative – vingt-quatre heures de cachot ! – pour avoir manqué les cours d'histoire. « L'histoire, confia-t-il à son compagnon de captivité, l'étudiant Nazariev, n'est qu'un ramassis de fables et de détails sans intérêt, parsemés d'une masse de dates inutiles et de noms propres. »

L'Université elle-même, ce temple de la science, devint d'ailleurs la cible de ses incessants sarcasmes. « Que retirerons-nous de l'Université ? Réfléchissez et répondez en toute honnêteté. Que retirerons-nous de ce lieu sacré, une fois que nous serons revenus dans nos campagnes ? À quoi serons-nous bons, à qui pourrons-nous être utiles ? » proclamait-il haut et fort...

Néanmoins, il réussit ses épreuves cette année-là. C'est alors que, pressé de s'émanciper, il quitta la maison de sa tante avec ses frères, pour un appartement de cinq pièces en ville. Mais durant sa deuxième année de droit, il négligea certaines interrogations aux examens trimestriels de janvier.

Aux explications déjà fournies de cette série d'échecs, il convient d'en ajouter une autre, liée à un trait fondamental de son caractère : une étrange instabilité mentale engendrant des hésitations douloureuses ou de brusques variations dans l'attitude, les opinions et les projets. Le jeune homme – tel l'enfant, l'homme puis le vieillard – était changeant. Sa curiosité d'esprit sans limites l'entraînait dans des lectures dévorantes et des semaines de labeur acharné... avant que ne retombe le feu ; survenaient alors le désintérêt, puis l'oubli.

Cette instabilité créatrice de Tolstoï ne ressemblait cependant pas à celle d'un individu ordinaire : il s'agissait d'un bouleversement intérieur, s'accompagnant d'une conduite inattendue, étrange, énigmatique. Quel en était le moteur ? Une insatisfaction à l'égard de soi-même ? Ou plutôt un orgueil démesuré ?

Tolstoï tirait toujours fierté de son nom, de son titre, de son milieu aristocratique et de sa personnalité. Mais il se sentait très souvent mécontent de lui, parce qu'il savait qu'il pouvait faire plus encore, aller plus loin. C'est en raison de cette fierté même que sa laideur physique supposée, sa timidité et surtout sa perpétuelle indécision entravaient son développement.

C'est dans cette aspiration à briller que prit naissance, déjà à l'époque, son moralisme futur.

Avant de songer à devenir meilleur, au sens éthique, il voulait exceller, au sens athlétique. Pas dans « la banalité de ses études », bien entendu, puisqu'il y montra bien peu d'application, mais en ceci, qui constitua son programme personnel, élaboré à l'âge de seize ans :

1) Avoir une parfaite connaissance du français et surtout une bonne prononciation dans cette langue ;

2) avoir les ongles longs, nets et bien taillés ;

3) savoir saluer, danser, causer agréablement ;

4) (cette condition est très importante) être indifférent à tout, garder en toutes circonstances une expression d'ennui élégant et dédaigneux.

Si ces quatre conditions sont remplies, on est un homme comme il faut. Car l'humanité se divise en deux groupes : les hommes comme il faut et les hommes pas comme il faut. Ce deuxième groupe lui-même se subdivisant ainsi : les hommes pas comme il faut proprement dits et la plèbe.

Si ce plan semble futile, l'ardeur farouche qu'il mit à le suivre fut extraordinaire. Soucieux de noter minutieusement ses progrès et ses défaillances dans la voie de son idéal, le jeune Léon cousit ensemble de ses propres mains quelques feuilles de papier blanc et écrivit en tête du cahier « Règles de vie ». Telle fut l'origine de son journal intime. Il s'y montrera bientôt à l'égard de lui-même d'une formidable lucidité et d'une sévérité croissante.

S'obliger à consigner ses faiblesses par écrit n'était qu'une discipline morale. Pour se mieux punir encore, pour – selon sa formule – « se dompter » et s'entraîner à la douleur, il faisait appel aux disciplines physiques. Il montait par exemple au grenier, empoignait un paquet de cordes et, le torse nu, se frappait si cruellement que les larmes jaillissaient de ses yeux.

Que penser de ce jeune « flagellant », de cet étudiant arrogant se corrigeant comme un moine du Moyen Âge dans sa cellule ? Les fustigations dans le grenier n'avaient-elle pas aussi pour but de mater une jeune et puissante chair dont l'émoi lui faisait horreur ? Cette idée du perfectionnement chez Tolstoï alors âgé de seize ans met en évidence une lutte furieuse, bien éloignée d'une simple joute intellectuelle.

Toujours en quête de spiritualité, Léon ne trouva néanmoins aucun secours dans la religion. Sa foi, quand il était enfant, n'avait jamais été bien vive. Lui-même raconte dans ses *Confessions* que, à dix ou onze ans, un jeune lycéen qui venait chez les Tolstoï – alors à Moscou – le dimanche, avait révélé à ses frères la découverte qu'il avait faite la veille au lycée : Dieu n'existait pas, et tout ce qu'on leur avait enseigné là-dessus n'était que pure invention.

À Kazan, lorsque son frère Dimitri, encore étudiant, devint tout à coup très pieux, Léon le railla sans vergogne. Le jeune aristocrate pensait alors qu'il était convenable d'aller à l'église parce que c'était l'usage chez les personnes « comme il faut », mais qu'il ne seyait pas de prendre ces choses-là trop au sérieux. Déjà, Léon lisait Voltaire, et tout spécialement ses écrits contre les dogmes. À seize ans, il cessa de faire sa prière et négligea les offices du culte. Ainsi « la foi dans le perfectionnement » devint son nouveau catéchisme. Cependant, il n'était pas athée. Il ne niait pas Dieu. Il l'ignorait…

Jusqu'alors, le seul sentiment fort, semblable à l'amour, que Léon déclarait avoir éprouvé avait eu pour objet, alors qu'il n'avait que treize ou quatorze ans, une « grosse femme de chambre au joli minois ». « Mais je répugne à croire que ce fut de l'amour », écrit-il dans son journal.

À son séjour à Kazan ne semblent se rattacher que de candides amours. Plus tard, il parlera d'une jeune fille de la noblesse provinciale qu'il connut quand elle était encore en pension, Zenaida Molostvova. « Mes relations avec elle n'ont jamais dépassé cet état de pureté qui n'est que le penchant d'une âme vers une autre âme. »

La débauche effrénée des années suivantes laisse à penser que, vers la fin du séjour à l'université, déjà, ses sens le tourmentaient. Il se peut qu'il ait résisté des mois à cet éveil redoutable. Néanmoins, quand ses frères l'emmèneront dans une maison de tolérance afin de le déniaiser, le jeune homme éclatera en sanglots. Plus tard, il avouera que la découverte du péché de chair l'avait effrayé de tout son être ; il le désirait et, en même temps, s'y refusait. Le reflet de cette contradiction est d'ailleurs perceptible dans toute son œuvre, par exemple dans le passage de *Guerre et Paix* où son héros, Nicolas Rostov, visite une courtisane grecque : « Il tremble de peur, il se fâche et comprend que quelque chose de criminel et d'effroyable se passe devant ses yeux. »

La bonne société de la ville trouvait le jeune Tolstoï « un peu spécial ». Paralysé par cette gêne atroce qui le faisait rougir en présence des jeunes filles, il ne se résignait cependant pas à passer inaperçu et sortait ce qui lui passait par la tête. Sa tante Pélagie, qui le connaissait bien, lui disait : « Tu as toujours voulu te prendre pour un original, mais ton originalité n'est pas autre chose que de l'amour-propre. »

En avril 1847, aussitôt après les vacances de Pâques, Léon, alléguant des raisons de santé, demanda à être rayé du nombre des étudiants de l'université. Il obtint du recteur l'autorisation de partir sans avoir terminé ses études, sans diplôme. Il était âgé de dix-neuf ans, et son dessein était de retourner dans son fief familial à Iasnaïa Poliana qui, d'après l'acte de partage entre les enfants Tolstoï, venait de lui être attribué (ainsi que quatre autres villages, en tout mille quatre cent soixante-dix arpents et trois cent trente âmes de sexe masculin), et d'y vivre les deux prochaines années.

Déjà, il rassemblait ses livres. Tout en espérant regagner aux échecs, avant de partir, une somme perdue au jeu, il mettait la dernière main à un programme détaillé d'occupations pour la durée de son séjour à la campagne. Car, s'il abandonna l'université, il ne renonça pas à préparer ses derniers examens de droit. Le 17 avril, il notait dans son journal :

But de ma vie à la campagne pendant deux ans :

1) Étudier toutes les sciences juridiques nécessaires pour l'examen de sortie de l'université ;

2) apprendre la médecine pratique et une partie de la médecine théorique ;

3) étudier à fond les langues française, russe, allemande, anglaise, italienne et latine ;

4) étudier l'agronomie, tant au point de vue théorique que pratique ;

5) étudier l'histoire, la géographie et la statistique ;

6) étudier les mathématiques (programme du lycée) ;

7) écrire une thèse ;

8) atteindre le sommet de la perfection en musique et en peinture ;

9) écrire des règles de vie ;

10) acquérir quelques connaissances dans le domaine des sciences naturelles ;

11) écrire des dissertations sur toutes les matières que je serai amené à étudier.

Vaste programme, révélateur du culot, de la complexité et de la bizarrerie de son auteur, au sujet duquel un précepteur français avait dit: « Ce petit a une tête, c'est un petit Molière! » Un autre professeur, parlant des frères Tolstoï, alléguait: « Serge peut et veut; Dimitri veut, mais ne peut; Léon peut mais ne veut. »

La voiture n'était pas encore venue chercher les bagages de Monsieur le comte que celui-ci, lucide, entrevoyait déjà la vanité de ce plan de vie: « Il est plus facile d'écrire dix volumes de philosophie que de mettre en pratique un seul principe », nota-t-il alors avec ironie.

Enfin, l'énorme cocher fit claquer sa langue et l'attelage emmena le jeune Léon Tolstoï vers de nouveaux rivages. Sur l'embarcadère, il fit ses adieux à ses camarades avant d'entamer la traversée du large fleuve. Les cris, les vivats s'éloignèrent, les coupoles et les minarets de Kazan disparurent enfin, puis réapparut la route, encore dans les boues du printemps...

Le chemin du tourment

Depuis des années, Léon ne venait à Iasnaïa Poliana que pour la durée des vacances. Lors de ses promenades à pied, il ne dépassait guère le cercle des communs et du parc seigneurial, allant rarement jusqu'au village. À présent, il était ici à demeure. Et en ce printemps 1847, il n'y résidait plus comme un enfant ou un adolescent parmi d'autres. Désormais, il était le maître.

Au chef-lieu du district, sur les registres du cadastre, le comte Tolstoï était inscrit comme « propriétaire foncier ». C'est-à-dire qu'il possédait non seulement ces champs, ces bois et cette jolie rivière, mais aussi des paysans – des « âmes » comme on disait –, plus de sept cents serfs en tout.

Bientôt, sa « chère tante Toinette », la créature, disait-il, « la plus pure » qu'il connût, le rejoignit, avec son inséparable servante. Elle reprit possession, au rez-de-chaussée, de ses deux chambres, rangea sur le chiffonnier ses pots de confitures, ses boîtes de raisins de Corinthe, ralluma les lampes dans le coin des icônes et devant l'image du Saint-Sauveur encadrée d'argent.

Au vaste programme ambitionné par Léon, nous pouvons ajouter les vœux de tante Toinette: qu'il eût « maintenant bien vite une liaison avec une femme du monde parce qu'il n'y a rien de tel pour former un jeune homme ». Les autres souhaits de la vieille demoiselle étaient qu'il devînt aide de camp, de préférence attaché à la personne de l'empereur et, enfin, qu'il épousât une jeune fille riche, très riche, afin de posséder un grand nombre de serfs…

Le jeune comte était arrivé plein de bonnes intentions mais, quoique toujours timide et rougissant, il dut affronter aussitôt une dure réalité. De loin, l'idée de son importance l'avait empli de suffisance. Sur place, il mesurait mieux l'étendue de ses responsabilités. Certes, on s'inclinait devant lui jusqu'à terre, mais à combien de devoirs, au pied de quelle montagne d'obligations ramenaient ces hommages ! Si encore il y voyait clair dans les réformes à accomplir, mais en agriculture, par exemple, il se demandait bien à quoi lui serviraient ses connaissances puisées dans les manuels…

Concernant les comptes, les gérants mettaient bien de la malice à les trafiquer ! Découvrir leurs pillages fut une chose difficile, mais il lui aurait encore fallu discuter avec ces filous, élever la voix, se fâcher. Timoré comme il l'était alors, il ne se sentait guère de taille pour une pareille lutte. Il recourut alors à cette vieille méthode russe: laisser faire. Mais pour que cette dernière fonctionnât, encore eût-il fallu qu'il parvînt à l'indifférence. Or il ne cessait de se blâmer, s'accusant de faiblesse. Il évita alors de se rendre au village, tâchant dans ses promenades d'échapper aux regards sceptiques de ses paysans. Ainsi fuyait-il leurs récriminations, leurs plaintes, leurs marques de respect. Sans doute fuyait-il surtout l'image insupportable de leur misère.

Si, le soir, Léon rouvrait ses cahiers de cours, sans parvenir à fixer son attention sur les matières du programme, il se plaisait à relire un petit travail composé au mois de mars durant le séjour qu'il fit à la clinique de Kazan, une étude comparative de *De l'esprit des lois* de Montesquieu et du célèbre *Message* de l'impératrice Catherine II. Cet innocent exercice académique était prémonitoire. Déjà, le jeune homme éprouvait une évidente satisfaction à rappeler aux puissants de ce monde leurs devoirs, comme il allait le faire plus tard avec les successeurs de la grande impératrice, notamment les tsars Alexandre III et Nicolas II.

En attendant, les soirées de juin – le mois des fortes chaleurs et des nuits courtes au chant des rossignols – permirent à Tolstoï de renouer avec sa passion des paysages pastoraux de la Russie profonde. Il retrouva intacts les étangs, les cygnes, les vieux serviteurs, l'odeur du lin, du sarrasin, comme le feuillage pâle des bouleaux, ses partitions mélancoliques.

À cette époque vint à Iasnaïa Poliana, avec son mari, la pupille de son père, Dounietchka Temiacheva – elle avait suivi la famille à Kazan, où elle s'était mariée. Léon n'avait jamais éprouvé pour « cette pleurnicheuse » d'autre sentiment que fraternel. Mais c'était à présent une jeune mariée, se trouvant sous son toit.

Sa tante avait fait préparer une chambre pour le jeune ménage. Cela suffit pour troubler au plus haut point le farouche jeune homme. Le lendemain, il notait en effet : « Sa présence produit sur moi un tel effet que j'ai dû me priver de la joie d'être content de moi[1]. » Cet aveu laisse supposer qu'il vivait chastement et que sa chasteté lui pesait... Peut-être, durant ses promenades, fuyait-il aussi les jeunes paysannes et l'agitation dans laquelle le plongeait un fichu aux vives couleurs entrevu un jour sous les feuilles...

Le jour suivant, l'émoi s'étant aggravé, il élargit sa réflexion :

« Considérant la société des femmes comme une nécessité bien ennuyeuse de la vie sociale, il faut s'éloigner d'elles autant que possible.

---

1. L'expression « Je suis content de moi », ou « Je ne suis pas content de moi », revient fréquemment dans son journal.

« Qui nous inspire, en effet, sinon les femmes, la sensualité, la frivolité, l'indolence et toute espèce d'autres vices ? Qui nous fait perdre nos qualités naturelles : courage, fermeté, bon sens, équité, etc., sinon les femmes ? »

N'était-ce pas trop d'agacement à propos d'une charmante fille ? Mais la jeune « pleurnicheuse » appartenait à une engeance particulière : le sexe « faible » et redoutable, singulier et fascinant. L'arrogance de ce débutant était néanmoins mêlée d'adoration. Ses rêves étaient hantés par l'image de l'absolue perfection féminine – la Béatrix ou la Madone –, et l'espoir de la rencontrer un jour, incarnée dans un être vivant, ne le quittait pas. D'où ces blasphèmes, à chaque déception nouvelle, lorsqu'il comparait les femmes qu'il connaissait avec ces images idéalisées.

Sur les imprécations provoquées par l'apparition de cette jeune mariée, le journal intime se referma pour trois ans : trois ans durant lesquels les femmes tziganes, « ces créatures de chair », « ces démones », se chargeront de punir ce jeune homme impertinent en le plongeant dans le « précipice de la débauche sans limites ».

Pourtant, dès sa prime jeunesse, l'écrivain s'était dit habité par quatre sentiments : l'amour, le repentir, le désir de se marier et l'attachement à la nature. Sa propriété de Iasnaïa Poliana, où furent observés ces préceptes, devint le symbole de ses tourments. En effet, si tout respirait la civilisation la plus douce dans la maison du maître, l'écrivain, tourmenté par la luxure, fuyait souvent ces lieux feutrés pour aller se cacher dans la campagne et attendre qu'une jeune fille passe par là, « afin de fondre sur elle »... Il se comparait alors à « ces hommes et ces femmes qui vivent comme la nature, ils meurent, naissent, s'accouplent, naissent encore, se battent, boivent, mangent, se réjouissent et meurent à nouveau. Ils n'ont aucune loi, exceptées celles, immuables, que la nature a fixées au soleil, à l'herbe, à l'animal, à l'arbre. Ils n'en ont pas d'autre ».

Malgré tout, il ne fallut guère plus d'une saison à Léon pour que des préoccupations spirituelles vinssent s'adjoindre à ces tourments. Le 3 novembre 1847, sa sœur Marie épousait un cousin issu de germain, le comte Valérien Tolstoï. C'est de cette époque que date la liste des livres qui eurent la plus grande influence sur le jeune Léon : « L'Évangile, *Le Sermon sur la Montagne* (impression immense) ; Dickens, *David Copperfield* (impression immense) ; Rousseau, *Confessions* (impression immense), *Émile* (impression immense), *Nouvelle Héloïse* (impression très grande) ; Sterne, *Sentimental Journey* (impression très grande) ; Pouchkine, *Eugène Onéguine* (impression très grande) ; Schiller, *Les Brigands* (impression très grande) ; Gogol, *Les Âmes mortes* (impression très grande) ; Tourgueniev, *Les Mémoires d'un chasseur* (impression très grande) ; Lermontov, *Le Héros de notre temps* (surtout, *Taman*) (impression très grande). »

Mais le fameux projet d'un séjour de deux ans dans sa maison de campagne s'effondra vite : au bout de dix mois, il la quittait.

L'hiver de tous les dangers

L'hiver était toujours pour Tolstoï une pierre d'achoppement. C'est à cette saison que, selon son expression, il « s'embrouillait ». Jusque-là, il pensait trouver dans les travaux des champs – qu'il dépeindra dans *La matinée d'un seigneur* – sa raison d'être. Mais dès que survint l'hiver, il n'eut qu'un désir : fuir son cher domaine. Il fit préparer ses valises et regagna Moscou dès les premières neiges, puis il se rendit bien vite à Saint-Pétersbourg. Entrevue à travers les brumes glacées montant de ses marécages, la Venise du Nord fit grande impression au jeune Tolstoï.

Le temps lui manquait pour écrire à sa chère tante Toinette... Il avait « trop de choses à dire » ! Comme par exemple son premier bal chez des parents Volkonski...

Une belle gelée avait chassé du ciel le nuage qui avait recouvert l'horizon toute la journée et la recrudescence du froid avait ravivé la blancheur de la neige. Des voitures avec laquais en livrée arrivaient et repartaient sans cesse. Elles amenaient des messieurs en uniforme chamarré de plaques et de cordons, et des dames vêtues de fourrures et de satin qui descendaient avec précaution des marchepieds et glissaient, légères, silencieuses, sur le tapis rouge jusqu'à l'entrée du palais.

Presque chaque fois qu'approchait une voiture, un murmure parcourait la foule et des chapeaux se levaient. Alors qu'un bon tiers des invités était déjà arrivé, Léon monta comme une flèche l'escalier de marbre, remettant en place sa coiffure. La salle était déjà assez peuplée, la musique tonnait. Le bruit, la chaleur, le cliquetis des éperons des chevaliers gardes, l'envol des pieds délicats des dames dont Tolstoï observait les arabesques pendant que le son des violons étouffait les médisances jalouses...

À tous les bals qu'il fréquentait, Léon ne prêtait aucune attention aux splendides uniformes chargés d'or, de broderies et de décorations, ni aux habits de gala des hommes. Son regard se concentrait sur les femmes qui passaient d'un pas léger, baissant pudiquement les yeux. Il aimait, à l'entrée des festivités, les regarder retirer leurs manteaux et voir apparaître leurs épaules. Maussade, il se tenait dans un angle, près d'une fenêtre, dissimulant ses doutes derrière un sourire, une lueur hautaine dans les yeux, affectant de ne pas prendre part au divertissement général.

Après avoir passé des nuits à boire du champagne jusqu'au petit matin, il se levait à midi avec la migraine en se jurant de ne plus jamais toucher à ce breuvage. Puis le tourbillon du nouveau jour emportait les images de la veille et les bonnes intentions.

Au début, pourtant, le gentilhomme de province se sentit un peu dépaysé dans cette ville inconnue où tout le monde s'affairait. Mais il était résolu à y passer ses derniers examens de droit pour ensuite entrer dans l'administration. Aussi écrivait-il à son frère aîné : « Pétersbourg est si favorable au travail que, dans cette ville, on est porté à travailler malgré soi. Je sais que tu ne croiras pas à mon changement et tu diras : C'est au moins la vingtième fois ; on ne pourra jamais rien faire de lui ; c'est un propre à rien [...]. Non, cette fois, je suis tout autrement changé ; avant, je me disais : Je vais changer ; maintenant je vois que je suis changé, et je dis : Je suis changé. »

Hélas! Deux mois et demi plus tard, la nécessité l'obligeait aux aveux : « Je crois que tu dis déjà que je suis un propre à rien, et tu dis vrai. Dieu sait comment je me suis conduit! Je suis venu à Pétersbourg sans aucun motif; je n'y ai rien fait d'autre que manger beaucoup d'argent, et m'endetter. C'est stupide, insupportablement stupide! »

En effet, le jeu l'envoûtait. Les échecs ne lui suffisant pas, il se laissa absorber par les cartes et se retrouva avec une dette de trois mille cinq cents roubles. S'il s'adressait à son frère Serge, c'est qu'il avait épuisé ses propres revenus et ne pouvait plus rien demander à son intendant – lequel devait bien rire, en songeant aux récentes prétentions du jeune maître à tout réformer!

Pourtant, malgré ses folies, Léon passa deux examens avec succès, en droit civil et droit criminel. Il dira plus tard qu'il avait préparé chaque examen en une semaine, travaillant jour et nuit, et qu'il ne savait absolument rien. Il restait cependant une dernière épreuve, mais à quoi bon la préparer puisque l'administration ne l'attirait déjà plus? Il désirait maintenant entrer comme sous-officier dans la garde à cheval.

Le moment lui paraissait particulièrement opportun. Le tsar Nicolas Ier, qui se posait en défenseur de l'ordre, et en croquemitaine de l'Europe après la révolution de 1848, ne venait-il pas d'envoyer en Hongrie, pour y rétablir le jeune empereur autrichien François-Joseph, une puissante armée commandée? Deux corps avaient déjà franchi la frontière et la garde à cheval devait se mettre en campagne fin mai. Cela laissait le temps à son frère Serge de lui expédier les pièces d'identité nécessaires à l'enrôlement et qui étaient restées à la campagne. Mais au mois de mai, Léon rentra finalement à Iasnaïa Poliana, ayant renoncé à s'engager. Son caractère s'avérait plus que jamais lunatique...

Magnanime, sa tante Toinette ne lui fit aucun reproche. Sermonner n'était pas dans son caractère. De plus, Léon était le maître, et nous avons déjà eu un aperçu des indulgences que cette grande dame nourrissait à l'égard des mœurs traditionnelles des seigneurs. Elle trouvait seulement que le jeune homme dépensait trop, se désolant que son neveu eût contracté la fatale passion des cartes, ce fléau des nobles familles russes. Elle accueillit « son neveu prodigue » dans sa chambre voûtée, assise à sa place habituelle dans le fauteuil en tapisserie. Après un léger soupir, elle dessina sur le front de Léon le signe de la croix et, toute joyeuse de le revoir, lui offrit en riant du nougat et des dattes…

Toinette n'avait que cinquante-trois ans. Ses tresses, enroulées en couronne autour de sa tête, jadis si noires, maintenant grisonnaient. Son corps s'était épaissi, mais son âme demeurait fervente. Mieux que par des discours, sa simple présence enseignait à Léon la grande joie d'aimer. Peut-être voyait-elle revivre son cher Nicolas à travers ce fils qui l'avait recueillie sous son toit, qu'elle avait attendu tout un hiver, presque sans lettres de lui, comme une épouse délaissée attend un mari volage.

De Saint-Pétersbourg, Léon avait ramené un virtuose incompris, un Allemand nommé Rudolph, qu'il avait ramassé dans la fosse d'orchestre d'un café-chantant. Toinette, qui n'avait pas touché un clavier depuis vingt-sept ans – depuis le mariage du comte Nicolas Tolstoï –, se remit alors à son piano pour plaire à Léon. Jadis excellente musicienne, elle avait conservé la pureté de son jeu. Par malheur, Rudolph avait deux défauts : il s'enivrait « à la russe » de vodka autant que d'harmonie et, quand il ne jouait pas à quatre mains avec Toinette, il pinçait les servantes dans les coins. On dut donc le congédier.

Vint l'automne… et ces rideaux de pluie épaisse, tombant sur les pelouses, à grands plis droits, inexorables…

Les folles années

Léon repartit à Moscou pour y demeurer tout l'hiver, puis à Saint-Pétersbourg pour y étudier de nouveau.

Jusqu'alors, s'il y avait commis des frasques, il en éprouvait néanmoins de la gêne envers les siens. Mais là, le dérèglement devint une habitude, une clause inexorable de son programme quotidien. À vrai dire, les plaisirs mondains – bals, dîners, abonnement à l'Opéra – constituaient la façade honnête, élégante, de cette vie dissipée. La face cachée en était l'intempérance – jointe aux maux de tête qui accompagnaient les lendemains d'orgies, l'empêchant de sombrer dans l'alcoolisme mondain –, le jeu frénétique et les pertes qui s'accumulaient, avec des répercutions désastreuses sur sa fortune : coupes de bois sur ses terres, hypothèques, etc. Lorsqu'il se trouvait dans une situation pressante, il faisait par courrier une demande d'emprunt, surtout à son frère Serge.

Enfin, il y avait la débauche… Concernant l'attitude amoureuse de Tolstoï, la lecture de ses journaux intimes se révèle très édifiante. La nature avait sur ce plan doté l'homme d'un « tempérament excessif ». Faut-il appeler cela un don ? Ne fut-il pas plutôt submergé, envahi par ses turpitudes ? Chez ce mâle vigoureux, l'orgueil issu de la puissance génésique n'était-il pas un sentiment indéracinable ?

Un jour, parvenu à un âge avancé, mais point encore délivré des sirènes du désir, le romancier, évoquant sa jeunesse avec le dramaturge Tchékhov, laissera rêveusement échapper cet aveu : « J'étais infatigable ! » Comment ne pas sentir percer dans cette confession la fierté du vieux diable qui se cache derrière un masque d'ermite ?

Pour l'heure, cette époque de sa vie est sans conteste celle des exploits charnels. Léon découvrit en lui cette animalité exigeante. Derrière le chrétien, derrière l'aristocrate « comme il faut », « un centaure » ou plutôt un faune scythe se dissimulait. Longtemps réprimée, sa sensualité se déchaîna sans mesure.

En avril, cependant, une sorte de ralentissement se fit sentir. Sans doute du fait de la lassitude, mais aussi du printemps et des fêtes de Pâques. En Russie, la fonte des neiges, la débâcle des glaces confèrent à cette saison une valeur mystique, qu'exprimera plus tard Stravinsky dans son *Sacre du printemps*. La nature renaissante communiquait à Léon la joie sainte d'une résurrection.

« On voudrait, écrivit-il à sa tante Toinette, se sentir renaître aussi ; on regrette le passé, le temps mal employé ; on se repent de sa faiblesse, et l'avenir apparaît devant nous comme un point lumineux. »

Adieu les figures fripées des compagnons de plaisir, les flammes des bougies dans les miroirs, les cartes jetées sur les tapis ! Il avait hâte de revoir sa campagne avec ses allées sombres et ses fleurs des champs, de retrouver ses vieux serviteurs rassemblés sur le perron pour l'accueillir...

« La vie bête ? »

Pendant deux ans, en 1849 et 1850, le débauché revint chez lui pour les fêtes pascales et passa l'été sur ses terres, avant de regagner Moscou où la vie forcenée, « la vie bête », reprenait aussitôt.

Mais comment cette existence dissolue menée par un homme de génie serait-elle, pour reprendre ses propres termes, si « nulle », au sens absolu du mot ? Il serait trop simpliste de se représenter Tolstoï, à cette époque, sous trois aspects uniquement : sablant le champagne au restaurant, poussant le carton au cercle, ou lutinant une tzigane dans un cabinet particulier. Il est déjà un grand romancier en gestation.

Jeune homme, il était promis à ce destin : créer un monde imaginaire, transplanter les caractères des êtres vivants dans des fantômes de son esprit. Ces années, en apparence si vides, furent en réalité fécondes, lui permettant d'accumuler ses impressions pour les œuvres à venir.

Mais, pour le futur apôtre, peut-on affirmer que l'expérience du péché fut sans importance ? Comme disent souvent les Russes : « Il faut beaucoup pécher pour bien expier et se rapprocher de Dieu »…

Dans un cas analogue, saint Augustin n'a-t-il pas mis à profit cette irremplaçable connaissance du Mal ?

Gardons-nous de nous laisser abuser par l'incohérence supposée du grand romancier. Ne soyons pas dupe, à l'inverse, du point de vue strictement moral, lorsqu'il brouillait les pistes et jugeait *a posteriori* les écarts de son jeune âge.

De retour à Iasnaïa Poliana à l'été 1850, Léon, âgé de vingt-deux ans, éprouva soudain une sorte de vertige en considérant ce temps perdu, sans pour autant envisager de réformer réellement son existence.

La reprise du journal intime en juin 1850, après une interruption de trois années, reste une source précieuse pour déchiffrer ses secrets à demi enfouis. Avouant avoir passé les trois ans qui venaient de s'écouler (1847-1850) en débauches, il nota en ce début d'été:

« Impossible de vaincre mes désirs charnels; et je les surmonte d'autant moins que cette passion a dégénéré chez moi en habitude. » (Néanmoins, plus tard, il déclarera: « Ces trois années d'une vie déréglée me semblent parfois très amusantes, pleines de poésie, utiles même à un certain degré. »)

À ce moment, il décida de se reprendre en main en s'inventant de nouveaux préceptes: « Dans les rapports avec les domestiques, ne rien changer aux ordres donnés, fussent-ils très mal donnés. Ne pas laisser croupir au fond de soi les souvenirs désagréables qui assombrissent l'humeur. Regarder en face les pensées pénibles, soit pour s'en accommoder, soit pour les expulser. »

Ces préceptes ne seraient-ils pas dignes de figurer dans le manuel d'un parfait épicurien? Il y en eut d'autres, concernant les cartes: attitude à observer au jeu, combinaisons, martingales; et aussi cette règle: « Je ne puis jouer qu'avec des gens fortunés qui sont plus riches que moi. »

Était-ce pour être sûr que, s'il gagnait, les perdants ne seraient pas en peine de s'acquitter? Pour être certain de toucher les sommes gagnées?

Les préceptes pour la vie mondaine ont aussi de quoi surprendre: « Chercher à dominer l'entretien, à voix haute, lentement, distinctement… Essayer d'entrer en relation avec des gens plus haut placés que soi… Au bal, invite les dames les plus en vue et ne te décourage pas si l'on te refuse… »

C'est fort de ses nouveaux dogmes qu'il rentra à Moscou durant l'hiver 1850. En dehors des divertissements mondains et des obligations de société qu'il observait scrupuleusement, il faisait des heures de manège, des sorties à cheval et chassait dans les environs de Moscou. Presque chaque jour, il arpentait la promenade de Sokolniki – le bois de Boulogne moscovite – où il rencontrait des connaissances. En plus de ces occupations où il consumait son temps en oisif distingué, il avait pour l'heure deux « hobbies », deux toquades qu'il cultivait avec application, d'une part, la musique, de l'autre, bientôt une véritable vocation, la gymnastique et les leçons quotidiennes d'un maître d'armes, un Français.

Léon constata alors avec satisfaction qu'en appliquant ses préceptes, il avait gagné en assurance. Les règles de la gymnastique étaient en effet très sévères. Celles de la musique, encore bien davantage. Mais s'y conformait-il vraiment ?

Enfin restait le volet brûlant des Tziganes…

« 24 décembre 1850 : conformément à la loi de la religion, ne pas fréquenter les femmes…

« 26 décembre… Mauvaise journée : suis allé chez les Tziganes…

« 28 décembre… chez les Tziganes.

« 29 décembre : je vis comme une véritable brute… Le soir, écrire les préceptes ; ensuite, chez les Tziganes. »

La garçonnière de ce dandy moscovite comprenait quatre pièces en plus de l'antichambre ; un salon orné de trois glaces, aux fauteuils recouverts de drap rouge ; une salle à manger où trônait le piano ; un cabinet de travail, avec, dans un coin, un divan, meuble inséparable de la vie russe, siège des rêves et des projets, des remords et des résolutions inutiles (le maître du logis y dormait, le fidèle serviteur y dressant le lit, le soir); enfin, une chambre, qui servait de cabinet de toilette.

Pour quarante roubles par mois, Léon possédait un récent modèle de traîneau, alors très à la mode à Moscou. Fin connaisseur des chevaux, il avait choisi son attelage et acheté lui-même d'élégants harnais.

Dans le même temps, contre vents et marées, sa vocation d'écrivain commençait à se profiler. À vrai dire, il ne voyait encore dans la littérature qu'un art d'agrément, « un passe-temps ». Un moyen aussi de s'astreindre à une tâche, pour se détourner du jeu et des femmes.

Mais le désir d'écrire était déjà ancré en lui. À propos des femmes, il se proposa de rédiger une nouvelle sur les mœurs des Tziganes. Mais, de ce côté-là, il ne fit guère que poursuivre ardemment « sa documentation »! Ce n'est que plus tard que les Tziganes lui fourniront le sujet d'un drame : *Le cadavre vivant*. Il songeait en outre à un récit qui aurait pour thème la vie de sa tante Toinette : « le roman des amours contrariées », mais il n'y donna pas suite.

Sa tante fut la première à le presser de s'engager dans la voie littéraire, soit qu'elle eût découvert les dons de son petit Léon dans ses lettres, soit qu'elle-même vît dans la littérature un divertissement aux passions.

En attendant, la dépense du jeune homme excédait de loin son revenu. Ses pertes au jeu devenaient de plus en plus inquiétantes. Le montant de ses dettes augmentait.

Comme tous les grands joueurs, il envisageait la possibilité de rétablir sa situation par le jeu même. Il eut aussi l'idée de prendre en exploitation le courrier et les relais entre Moscou et Toula. Il fit des démarches pour obtenir la licence gouvernementale et commença même l'entreprise, mais dut y renoncer, son manque d'expérience ne lui causant que des déboires et de nouvelles pertes d'argent.

Il ne lui restait que deux moyens de se tirer de ce mauvais pas : trouver un emploi lucratif dans l'administration, ou s'introduire dans la haute société et s'y marier.

En 1850, Tolstoï était donc à la veille de commettre quelque nouvelle bêtise irréparable, quand son frère Nicolas, lieutenant d'artillerie dans l'armée du Caucase, arriva à Moscou pour les fêtes de Noël.

Léon comptait éblouir son aîné par sa conversation, ses relations, « son pardessus de chez Sharmer, ses cravates de Paris ». Or, il semble qu'il n'ait produit sur lui aucune espèce d'impression – du moins favorable. Nicolas, après avoir embrassé son frère, le regarda attentivement une seconde, puis sourit.

Jamais il ne discutait, jamais il ne condamnait. Il souriait seulement. C'était sa manière à lui de désapprouver.

Une fois, alors qu'ils se trouvaient ensemble dans une rue de Kazan, un monsieur quelconque, en voiture, vint à passer, la main appuyée sur une canne.

« Un rien du tout ! dit Léon sans ambages.

– Ah ! Pourquoi ? demanda Nicolas, surpris.

– Tu as bien vu, répliqua Léon, il n'a pas de gants ! »

Son frère aîné se contenta de sourire, de son sourire imperceptible, pointant la présomption de ses yeux gris. Non qu'il se fût dit : « Léon file un mauvais coton, il m'appartient de le sauver ! » Les envolées verbales n'étaient pas dans sa nature. Mais il est permis de penser que sa réticence muette porta.

Pendant quelques mois encore, la « vie bête » continua et les embarras d'argent s'accumulèrent. Léon en vint à engager sa montre ! Il essaya aussi de revendre quelque mauvais cheval à un ami, sans y parvenir. Il nota dans son journal : « bassesse… »

Allait-il une fois de plus se rendre chez l'usurier, contracter un nouvel emprunt ? En dernier recours, il pouvait peut-être solliciter, comme maintes fois, la bourse de son cher frère Nicolas ? Et après ? Où cela le mènerait-il ?

Les doux sourires de son grand frère suivis de silences furent là aussi plus efficaces qu'aucun discours. Léon ne tarda pas à comprendre que l'idée qu'il avait eue de solliciter un emploi lucratif dans l'administration l'entraînerait à des démarches humiliantes auprès du gouverneur. En outre, il ne possédait toujours pas son diplôme de licence.

Quant au projet d'épouser sans amour une femme riche, Nicolas en accueillit la confidence par un sourire un peu différent des autres. Léon rougit et n'y revint point…

Le congé de six mois du lieutenant expirait à la fin du mois de mai. Il devait être de retour à sa batterie en juin. Il suggéra alors à Léon, de manière impromptue, de l'accompagner dans le Caucase. C'était la perspective d'une sortie digne, dont le joueur rêvait sans la pouvoir imaginer ! Rompre avec les mauvaises habitudes, commencer une vie nouvelle, cela devenait possible. Il se montra séduit.

Déjà, deux ans auparavant, lorsque son beau-frère, qui avait des intérêts en Sibérie, était parti là-bas régler ses affaires, Léon, pris d'une inspiration subite, avait couru comme un fou derrière son équipage, mais, s'étant aperçu qu'il avait oublié son chapeau, il avait fait demi-tour et était rentré à la maison… Cette fois, c'était plus sérieux. Le départ pour le Caucase fut donc décidé.

Avant de quitter Moscou, il retrouva une jeune fille, Zinaïda, qu'il avait connue et un peu aimée autrefois, quand elle portait encore l'uniforme coquet de l'Institut des demoiselles nobles. Il avouera avoir organisé ces retrouvailles comme on provoque un fantasme. Sans doute prit-il plaisir à se bercer d'un souvenir mélancolique qui occuperait sa pensée durant les longues journées de voyage à destination du Caucase...

Le Caucase

Nicolas avait dressé un itinéraire original. Ils iraient en voiture jusqu'à Saratov. Là, ils loueraient un bateau et descendraient la Volga jusqu'à Astrakhan.

Le vent du fleuve avait dégagé le ciel et chassé les souvenirs de Saint-Pétersbourg. Léon se sentait apaisé. Sa volonté, son identité, son intelligence même semblaient s'être accordées à la lente puissance de la Volga. Comme portés par un chant intérieur, les deux frères voguaient de paysage en paysage, de sourire en sourire, de rencontre en rencontre. Leurs regards suivaient la vague frissonnante qui partait du navire et s'évanouissait sur la rive. Là-bas, il y avait encore des dunes, des villages, des églises, des paysans.

Une mouette solitaire, en laquelle Tolstoï verra volontiers son destin, accompagnait le bateau de son vol vagabond. Tantôt elle suivait le gîte de la poupe, tantôt elle allait se fondre au loin, perdue dans l'étendue vide où errait le fleuve immense.

Il fallut trois semaines pour atteindre Astrakhan. La descente du fleuve les enchanta. Nicolas et Léon s'entendaient à merveille. L'aîné reprochait seulement au cadet de changer de linge trop souvent. De son côté, Léon ne reprochait pas à son frère sa toilette manifestement négligée...

Le bateau était décoré de bois précieux. Un samovar fumait dans un minuscule réduit qui faisait office de cuisine. L'homme de service offrait du thé à n'importe quelle heure.

Enchanté par ce confort, Léon voulut le vérifier dans les autres parties du bateau, qu'il entreprit d'inspecter. Bien qu'il réprouvât la curiosité de son compagnon, son frère le suivit de couloir en couloir jusqu'à la partie la plus déshéritée de l'embarcation. Ils s'arrêtèrent dans une cale encombrée de colis pouilleux, entre lesquels flottaient des voyageurs semblables eux-mêmes à des paquets de haillons. Femmes avachies, un fichu sur la tête, les mains croisées sur le ventre, gosses croûteux, ivres de fatigue, moujiks aux cheveux jaune paille, à la peau tannée, barbouillée de crasse et de sueur et aux yeux de ruminants. L'âcre odeur les fit battre en retraite. Revenu sur le pont supérieur, Léon confessa à son frère la gêne qu'avait suscitée en lui, une fois de plus, la brutale juxtaposition de la richesse et de la misère en Russie.

Après trois jours de navigation, le fleuve lécha un village, décrivant une boucle harmonieuse, et les premiers toits verts d'Astrakhan apparurent. Des bateaux frappaient l'eau de leurs aubes géantes et, autour d'eux, les barques dansaient, telles des coquilles de noix. Plus loin, à tour de rôle, glissaient des chalands poussifs, traînés par de petits remorqueurs.

Restait à franchir la steppe pour atteindre la terre de Caucase. De relais en relais, ils arrivèrent au poste militaire vers la fin du mois de mai 1851, quelques jours avant l'expiration du congé de Nicolas.

À cette époque, la conquête de la région par les Russes était loin d'être achevée. Le royaume de Géorgie s'était bien déjà soumis, au début du siècle, au tsar Alexandre Ier, mais, entre la Géorgie et le sud de la Russie, s'étendait la région des hautes montagnes, habitée par des tribus indépendantes et belliqueuses. Suivant un système analogue à celui que les Anglais avaient jadis inauguré aux Indes, les Russes avaient établi dans ces vallées un cordon de postes militaires, tenus par des garnisons cosaques : les *stanitza*. Ces postes servaient de points d'appui aux incursions en territoire ennemi.

L'épopée du Caucase suscita en Russie l'éclosion de toute une littérature. L'hommage émerveillé des neiges du Nord aux pays du soleil fut rendu par un des grands poètes russes, Lermonov. C'était l'époque où le seul mot de Caucase provoquait encore dans l'âme russe une poussée de romantisme et de nostalgie.

Le poste militaire de Nicolas était situé dans un bas-fond. Aucune perspective, et un mauvais logement sans confort.

« Comment ai-je échoué ici ? s'interrogeait Léon. Je n'en sais rien. Pourquoi suis-je venu ? Je l'ignore. » Telle fut sa première impression.

Une semaine plus tard, son frère ayant reçu l'ordre de se rendre dans le fort lointain de Stari-Yourt pour escorter un convoi de blessés, il l'y suivit. Il y demeura plusieurs semaines, paressant, fumant la pipe ou dormant sous la tente. Le site lui plaisait davantage. Les sources thermales régionales grondaient, couronnées d'une vapeur blanche. Sur le torrent principal, il y avait trois moulins où venaient les lavandières. Toujours remuantes, elles foulaient, battaient, frottaient le linge avec les pieds. Ce tableau le subjuguait car ces femmes, disait-il, étaient « toutes belles et si bien faites ». Il était capable de regarder ce spectacle des heures entières ! Pourtant, quand il écrivait à sa tante, il se bornait à un constat purement esthétique, se montrant détaché et notant simplement que « les costumes des Orientales étaient gracieux malgré leur pauvreté ». Son regard s'attachait moins à leurs appas qu'à la nature alentour, aux formes réverbérées dans l'eau et sans cesse agitées par les piétinements des lavandières. Au milieu de cette nature luxuriante, parmi les fougères énormes, les lauriers-cerises, les inextricables forêts, la joie de vivre de

Tolstoï atteignait son comble. En proie à un véritable ravissement, il cessait de caresser les promesses de volupté des
femmes pour s'absorber dans la beauté des fleurs, écouter les
chants des oiseaux et s'emplir du frais parfum des platanes.

Un soir, après que les derniers rayons du soleil eurent
disparu à l'horizon, un voile nuageux tomba sur le paysage,
effaçant les contours. Vers dix heures, le rivage devint laiteux
sous la lueur argentée de la pleine lune. Soudain le vent se
leva et les roseaux émirent des sons doux et mélodieux,
comme un orchestre en train de s'accorder. Puis une sorte de
mélopée sauvage s'éleva dans la nuit, tantôt joyeuse, tantôt
funèbre et triste. « Cette musique, lui expliqua un compagnon, est produite par les trous que font dans les roseaux les
milliers de scarabées qui y vivent. Lorsque le vent s'y
engouffre, chaque trou crée une note. On les appelle les luths
des dieux. »

Tolstoï qualifiera cette extase de « sacrée », « pure de
désir », autrement dit libérée des chaînes sensuelles. D'un
seul élan spontané, il accédait au sentiment du divin et rejoi-
gnait le Dieu de son baptême. Ce qui ne l'empêchait pas, sa
joie une fois retombée, de railler le poncif d'après lequel la
grandeur de Dieu se manifeste dans les splendeurs de sa
Création, aussi majestueuse soit-elle.

« Les rêves des autres, note-t-il, ne ressemblent pas aux
miens. Les autres prétendent que les montagnes semblent
parler, que les hirondelles disent ceci ou cela, que les arbres
nous appellent au loin… Billevesées ; absurdités ! »

Quand il se laissait aller à la rêverie, tout ce qui lui traversait l'esprit était si plat, si bête ! Mais, lorsqu'il lui arrivait de
capter au vol une de ces pensées errantes, il s'y cramponnait,
la creusait, y découvrait des mondes. Le déroulement paresseux des associations d'idées s'arrêtait à partir de ce point, et
la rêverie faisait alors place à la méditation.

Il confie dans son journal :

« La nuit est claire. Un souffle frais passe sous la tente et fait vaciller la flamme de la chandelle. On entend aboyer au loin les chiens. Je suis assis sur un tambour... Devant mes yeux, en lumière, la paroi de la baraque où sont accrochées des armes : pistolets, sabres, poignards... Quelle paix !... Je n'ai pas sommeil – et pour écrire, pas d'encre... »

Tel fut le premier gain de son dépaysement. La première étape de sa transformation intérieure : le recueillement, l'abolition progressive des soucis quotidiens, l'abandon des activités de surface, un sentiment d'attente de l'invisible...

« J'ai récité le Notre-Père. Je ne priais pas, si l'on prête au mot de prière le sens de supplication ou d'élan de gratitude. C'était une aspiration à quelque chose de supérieur, de parfait. À quoi ? Je ne saurais le dire. Pourtant je comprenais très clairement ce que je désirais. Je voulais une fusion de mon être avec l'Être suprême... Toute crainte m'avait abandonné. La foi, l'espérance et l'amour créaient en moi une merveilleuse harmonie. »

Jamais Tolstoï, même après ce qu'on appelle sa « conversion », ne dépeindra avec plus de force et de sincérité son expérience spirituelle et les béatitudes du croyant qui communie avec Dieu. Ses élans mystiques seront d'ailleurs fort rares durant son séjour.

Il y avait à peine quinze jours qu'il était arrivé au Caucase. C'est plusieurs mois plus tard qu'il prendrait conscience de l'extraordinaire bienfait consécutif à son éloignement de Moscou, avec ce voyage lointain qu'il avait de prime abord considéré un peu comme un caprice.

Sa situation à la *stanitza* de Starogladovskaia fut, pendant quelques mois, assez singulière. S'il partageait la vie des officiers, il n'en demeurait pas moins un civil, un jeune aristocrate oisif, le frère du lieutenant Nicolas, venu là par pure fantaisie. Les chefs et les camarades de son frère lui apparaissaient comme de vulgaires soudards qu'il convenait de tenir à distance. Léon ne faisait d'exception que pour un vieux capitaine des Cosaques, « type de vieux soldat, simple, mais noble, brave et bon ». Ce commandant de la batterie était un petit homme roux, à la voix perçante, auquel il manquait une oreille, qu'un cheval vicieux lui avait arrachée. Orthodoxe ardent, il passait de longues heures à l'église en génuflexions, baisant le sol, heurtant du front les dalles. Mais sa piété n'excluait pas un secret désir d'avancement. Léon, qui avait percé à jour cette faiblesse, n'hésita pas à se targuer auprès de lui de ses hautes relations. Mais parmi les autres officiers, il n'inspirait guère de sympathie. On le trouvait « poseur ». Et il en souffrait. Pourtant, ils finirent par s'habituer à sa réserve, à ses silences, de même qu'il s'accoutuma aux familiarités militaires, et même en prit un peu le ton.

Les officiers s'enivraient. C'est à l'armée que son bon frère Nicolas avait contracté cette dangereuse habitude. Il arrivait bien à Léon aussi de se griser, mais de moins en moins souvent, et le vice de son aîné commençait à l'inquiéter sérieusement.

Le jeu aussi faisait fureur, sous les tentes. Léon résista bien tout un mois à la tentation, trompant son désir en des parties d'échecs avec Nicolas. Mais finalement, ses démons l'emportèrent. Au début de juillet 1851, il perdit en une seule soirée une somme rondelette, puis continua à engloutir des sommes considérables. Comme il devait de l'argent à son frère et aux autres officiers, il dut envoyer à son intendant l'ordre de vendre plusieurs fermes. Pour comble, ses anciens créanciers, entre autres un richissime marchand de bois, le relançaient depuis Moscou, le menaçant même de l'assigner pour des traites impayées. Il risquait de perdre son fief d'Iasnaïa Poliana. Il écrira : « Malgré toutes les philosophies, ce serait pour moi un coup terrible. » Certes, son intendant volait, mais dans les bornes tolérées par l'usage. Il changea d'intendant. Les choses n'en allèrent que plus mal. « Si je pouvais être sur place, soupirait le maître absent, tout irait mieux… je paie cher pour mes passions. Je vois le but et ne puis l'atteindre… Seigneur, aide-moi ! »

Dans la journée, la chasse était son passe-temps favori. Le gibier abondait. Il y en avait de toutes sortes, depuis les grosses bêtes des régions montagneuses, bisons, ours, chamois, élans, sangliers, cerfs, loups, jusqu'au petit gibier à poil et à plume des vallées – renards, lièvres gris, cailles, faisans, perdreaux. Enfin, sur les bords marécageux du Terek et les rives basses de la Caspienne – il les énumère dans son journal – les outardes, les bécassines, les canards et les sarcelles hantant, par bandes innombrables, les joncs et les roseaux.

L'amour à la cosaque

Une chasse plus alléchante attirait Léon, depuis le jour où il avait vu les femmes cosaques laver leur linge dans le torrent. Certaines rôdaient le soir autour des bicoques et s'approchaient sur un signe, ou rejoignaient officiers et soldats derrière les bosquets de myrtes et de lauriers-cerises. Celles-là se donnaient pour quelque pièce d'argent ou de nickel, souvent prenaient part aux beuveries qui se terminaient en orgies, avec une prédilection pour ce fameux amour à la cosaque, bien connu des Françaises depuis le passage des mêmes Cosaques aux Champs-Élysées en 1815.

D'autres jeunes filles cosaques n'accordaient leurs faveurs qu'après un simulacre de cour : échanges d'œillades, messages ou cadeaux portés par des autochtones complices. Enfin, il en était d'inabordables qui, l'urne de cuivre sur l'épaule, se rendaient aux fontaines, sans daigner prêter attention dans les rues du village aux hommes de la race conquérante, fumant la pipe et parlant fort entre eux.

À vrai dire, Tolstoï s'intéressait à toutes. Une sorte de fétichisme du pied féminin est à remarquer chez lui : « Il me semble que tout pied nu de femme appartient à une beauté. »

Or, au Caucase, les femmes portaient la botte et, si le pied était fin, la rudesse de la chaussure, par contraste, mettait en valeur cette finesse cachée, attisant la sensualité. L'été, les petits pieds allaient déchaussés, trop familiers de la terre...

« Il m'est indispensable de posséder une femme. La luxure ne me laisse pas une minute de répit », répète-t-il dans son journal.

Néanmoins, il n'a de cesse de contrer cette envie irrésistible. Il y résiste en posant avec insistance cette question : « Est-ce que Dieu, jusque dans ce combat, ne devrait pas intervenir ? »

Pour l'heure, son penchant vers l'ascétisme lui pèse : « À cause des filles dont je suis privé, je reste ici à tuer les meilleures années de ma vie. C'est idiot, Seigneur, accordez-moi d'être heureux ! »

En effet, la douce proie semblait se dérober et se rire du chasseur : « Iapichka (ce vieux Cosaque ivrogne, chez qui logeait Léon) m'a dit hier que cela ne marche pas avec Salamalida (nom de la paysanne dont Tolstoï était épris). J'aurais tant aimé pouvoir la prendre et la laver… »

Ce qu'il se reprochait, au reste, n'était point de céder à la tentation quand elle s'offrait. Tolstoï était surtout furieux de se rebuter trop vite quand il était éconduit :

« Je n'ai de persévérance ni de constance en rien… Si j'étais persévérant dans mes passions pour les femmes, j'aurais du succès et des souvenirs ; persévérant dans la continence, j'aurais de quoi être fier de mon repos. »

Mais il ne savait pas choisir sa voie, ou plutôt il la choisissait sans cesse, mais ne s'y tenait jamais. Un jour, il se disait : « Éloigne-toi des femmes ! Le plaisir est si court, si trouble, et le remords si grand ! » Puis, constatant que l'abstinence rendait le désir plus âpre, il eut ce sursaut : « Mes désirs sont tout naturels. Si je les blâme, c'est que je me trouve dans une situation qui n'est pas normale ! À vingt-trois ans, je ne suis pas encore marié ! »

Ce retour au bon sens était rare chez lui. Plus rare encore peut-être l'acceptation innocente de la volupté, le cynisme ingénu, triomphant des scrupules : « Tard dans la nuit, j'ai rencontré un Cosaque qui embrassait sa petite Cosaque. Je me suis rappelé avec plaisir certaines nuits d'orgie, et les matins surtout, à la sortie… la délicatesse de la fraîcheur matinale, la pureté retrouvée, certes, mais aussi sensation d'apaisement, soupir de la chair satisfaite, comme allégée et fondue dans l'aurore. »

Des vénales et des rusées, parmi les « indigènes », il en fréquenta, comme les camarades, et plus encore, car ses désirs étaient sans limite. Néanmoins, il fut souvent réellement amoureux.

Entre les beautés qui passaient fièrement leur chemin, il en était une, la plus belle, qui s'appelait Marenka, diminutif de Marianna. Elle sera l'héroïne des *Cosaques*, une de ses œuvres emblématiques. Léon souhaitait évidemment approcher l'objet de sa convoitise, lui parler. Pour ce faire, il se fit bien voir par son père et fut finalement admis à passer des soirées chez ce vieux Cosaque.

À partir de ce moment, la jeune fille, peu à peu, se détacha du paysage et devint une femme, au sens charnel, avec tout ce que le mot femme comportait pour Tolstoï de fascination et de secret. Entre elle et le « noble étranger », une singulière complicité s'établit.

Certes, la jolie fille demeurait réservée, fière, mais elle n'était plus farouche, car son soupirant était un hôte agréé, un ami de la maison. Bientôt les jeunes gens se rendirent sur la place du village, le soir, assister aux rondes des Cosaques. Des chants rythmaient les danses. De temps à autre partait un coup de pistolet, naïve explosion d'une âme rude qui ne contenait plus son bonheur. La bien-aimée pénétrait dans le cercle des danseurs et revenait au bout de quelques minutes, le regard étincelant, la gorge palpitante. Quand les derniers feux s'éteignaient, quand mouraient les dernières notes des accordéons, l'amoureux raccompagnait la belle chez son père. Mais la nuit, lourde du parfum des lis, et le ciel criblé d'étoiles attiraient le couple dans les jardins...

Histoire somme toute classique de l'aristocrate et de la paysanne, tant de fois vécue et racontée. Mais Tolstoï, plus qu'un autre, était apte à en savourer les jouissances, comme à en épuiser les déceptions. Auprès de cette jeune Cosaque réservée, il évoquait les farces de la bonne éducation, les manigances mesquines des demoiselles à marier. Mais là encore, son réalisme, toujours aux aguets, ne se bornait point au côté moral. Lorsqu'il tenait dans ses bras ce beau corps plein de vie, avec quelle ironie féroce il imaginait, sous les toilettes à la mode, ces « membres faibles, cachés et déformés » ! Puis, après s'être fait le chantre du charme de l'amour exotique, il évoquait « l'affinité » avec ces êtres « primitifs » : « Ah ! si je pouvais devenir cosaque, voler des chevaux, m'enivrer, chanter des chansons, tuer des hommes, sans me demander qui je suis, ni pourquoi je suis ainsi, alors ce serait une autre affaire, alors nous pourrions nous comprendre, alors je pourrais être heureux. »

Si, cinq semaines après son arrivée au Caucase, Léon dit aimer encore sa petite amie de Kazan, retrouvée juste avant son départ, et s'il écrit : « Je n'ai pas abandonné le projet de faire d'elle ma femme... », un an plus tard, la nouvelle du mariage de la jeune fille ne lui causera aucun effet...

Voici l'épilogue de l'histoire vraie, tiré des Mémoires d'un officier qui fut envoyé vingt ans après l'arrivée de Tolstoï dans la région, et y servit de longues années. Le souvenir de Tolstoï était encore vivant au Caucase, et l'on y voyait une paysanne âgée et toujours fort jolie qui s'appelait... Marenka.

Durant les premiers mois de son séjour au Caucase, bien qu'il n'appartînt pas encore à l'armée, Léon prit part à quelques incursions dans les montagnes. L'une de ces expéditions, dirigée contre l'aoul Khassaf-Yourt, eut lieu à la fin de juin 1851.

Ce fut une affaire assez chaude. Tolstoï s'y comporta courageusement, à tel point que le commandant de la région remarqua ce grand garçon en costume civil, qui avait l'air si vaillant au feu. Il se le fit présenter par un de ses officiers, un cousin du jeune homme. À ce souvenir, Léon fronçait le sourcil, car il se reprochait d'avoir été gauche, intimidé par ce prince et par le général en chef. Quant à la bravoure dont on le félicitait, il était convaincu que ce qu'il en avait montré n'était qu'un faible exemple de ce dont il était capable. « Le courage, pensait-il, n'est pas si simple qu'il en a l'air »…

Le double engagement

Le 25 octobre 1851, Léon et son frère Nicolas partirent pour Tiflis. Léon demeura seul dans cette ville charmante, capitale de la Géorgie, durant un peu plus de deux mois. Il y prit définitivement la décision de s'engager.

Mais les papiers rapportés par son frère étaient insuffisants pour que le jeune homme pût se présenter aux examens de sous-officier : il manquait au dossier l'exit de fonctionnaire civil, resté à l'université de Pétersbourg. Bien que cette pièce ne fût pas encore parvenue à Tiflis au début de janvier 1852, le commandant du recrutement voulut bien donner au jeune comte, impatient de s'enrôler, une affectation provisoire. Aussi Léon fut-il attaché à une brigade d'artillerie : celle de son frère.

À l'approche de cet événement, il manifesta une joie enfantine, ravi d'endosser bientôt l'uniforme propre à l'armée russe du Caucase, la fameuse *tcherkeska* juponnante et pincée à la taille.

Dans l'intervalle, il avait été malade à Tiflis. D'ailleurs, pendant tout son séjour au Caucase, il ne s'était guère montré bien portant. Il était, ainsi qu'il l'expliquait lui-même, « d'une complexion forte, mais d'une santé faible ». En dépit d'une charpente solide et de muscles développés, il demeurait délicat. Il souffrait surtout de rhumatismes, d'angines qu'il appelait des maux de gorge, de rages de dents compliquées d'abcès aux gencives, d'entérite, de furoncles, d'hémorroïdes et autres inconvénients. Sa maladie, quoi qu'il en parlât souvent, ne semblait pas très grave, puisqu'il faisait, avec ses chiens, des randonnées d'une vingtaine de kilomètres dans les marais, à la poursuite des lièvres. Elle ne l'empêchait pas non plus de se distraire avec des amis retrouvés en ville, ni de jouer au billard et de perdre plus de mille parties ! Comme chaque partie comportait un réel enjeu, il faillit même y compromettre à jamais sa fortune.

Tolstoï dut néanmoins garder la chambre un certain temps, puisqu'il y prit définitivement le parti d'écrire, pour se « désennuyer ». Il en informa immédiatement « sa bonne tante » Toinette :

« Vous rappelez-vous, un conseil que vous m'avez donné… celui de faire des romans ? Eh bien ! je suis votre conseil… Je ne sais si ce que j'écris paraîtra jamais dans le monde, mais c'est un travail qui m'amuse et dans lequel je persévère depuis trop longtemps pour l'abandonner. »

À Tiflis, Léon logea d'abord à la colonie allemande, un faubourg entouré de vignes et de jardins. Il se félicita de ce séjour à demi campagnard, à cause de son caractère onéreux et parce qu'il lui facilitait la pratique de la langue allemande. Mais, le mois suivant, il habitait le bourg des Cosaques.

« L'aspirant comte Tolstoï », au surplus, se croyait tout permis : absences à l'exercice, retards, etc. Presque aussitôt après l'incorporation de Léon, la batterie partit en campagne. Tout le mois de février 1852 se passa en mouvements divers. Il y eut deux actions assez vives, les 17 et 18. L'aspirant y fit bonne figure mais, lucide, il ne fut pas dupe de son mérite. Avec sévérité, il pensa qu'il s'était trompé sur lui-même en se croyant courageux. « Le danger, écrivait-il, m'a ouvert les yeux. Les exercices et le tir au canon ne sont pas très agréables, surtout parce que cela chamboule la régularité de ma vie. » Ce singulier artilleur fut proposé pour la croix de Saint-Georges, la plus haute distinction de l'empire des tsars. Seul le retard du « maudit papier », toujours en route, l'empêcha d'être décoré à cette heure.

Des distractions de la petite ville d'eaux – promenades sur les boulevards à l'heure de la musique, papotages dans les pâtisseries, représentations des troupes de passage, pique-niques, cavalcades – Léon se tint à l'écart. Cette vaine agitation prenait à ses yeux un caractère de parodie. Tout ce qu'il détestait maintenant, la vie mondaine, « trouvait là sa carica-ture ». Il préférait profiter des eaux, tout en buvant encore de l'alcool, et se posait l'éternelle question : « Suis-je devenu meilleur ? »

Dans cette vie apparemment bien réglée, Tolstoï n'était pas seul. Il avait à son service un serf, paresseux et insolent, cuisinier et scribe à la fois. Quand celui-ci tomba sérieuse-ment malade, le maître fit appeler plusieurs médecins et le soigna avec dévouement.

Après un mois et demi de repos à la station thermale, le seigneur, suivi de son serf revenu à la santé, et de son chien Boulka, se rendit dans une autre station, à Geleznovodsk. Après les eaux sulfureuses, les eaux ferrugineuses.

« Me suis baigné, ai bu… Bu, baigné… Baigné, bu… Mal aux dents, mal dans les jambes. J'ai vu mourir des corps, donc je suppose que mon corps mourra aussi ; mais rien ne me prouvant que l'âme meure, je dis qu'elle est immortelle… »

De retour au camp militaire le 7 août, la vie reprit, avec son train-train fastidieux : exercice, tir au canon, disputes, parfois durant six heures de suite, avec son lieutenant-colonel, mais aussi chasses, femmes, jeu. Dorénavant, Léon mettait toute son âme dans le projet de devenir un écrivain : « Le travail ! Le travail ! Quelle chose immense ! »

Pour assouplir son style, il lisait et composait des poèmes, feuilletait des revues. Tantôt, ce qu'on y publiait lui paraissait détestable. Tantôt, il se demandait s'il avait du talent en comparaison des jeunes auteurs et, modeste, répondait : « À la vérité, je ne crois pas. »

Il termina *Enfance*, une nouvelle écrite par esprit de discipline et pour complaire à sa tante, au mois de juillet, et l'envoya à la revue en vogue *Le Contemporain*, signée de ses initiales. À son étonnement, le mois suivant, il recevait la réponse du directeur, le poète Nekrassov :

« Monsieur, j'ai lu votre manuscrit : *Enfance*. Il est si intéressant que je vais le publier »…

Ce dernier mot valant mieux que tous les éloges, le débutant en éprouva une joie « presque bête ». Le directeur, toutefois, n'était pas partisan d'une publication sous des initiales, et d'argent, il ne parlait point. Le jeune auteur s'empressa de demander des éclaircissements. On lui allégua qu'il n'était pas d'usage, dans cette revue prestigieuse, de verser des droits pour une première collaboration, mais que les publications suivantes seraient payées.

Il se fit une raison, et lorsqu'en novembre parvinrent dans le Caucase les premiers articles de critique consacrés à *Enfance*, tous très favorables, Tolstoï fut transporté de bonheur. Il constata que désormais il s'engageait « sur la voie de la littérature ».

Durant le mois de mai 1853, tout en rédigeant *Les Cosaques*, il entreprit la suite d'*Enfance* : *Adolescence*. Il relut Rousseau. *Le Vicaire savoyard* éveilla en lui « un monde de pensées nobles et utiles ». Les *Récits d'un chasseur* de Tourgueniev « l'enchantèrent également ». Il nota alors qu'il lui semblait bien difficile d'écrire après cela…

Léon se laissait aussi troubler par les coquetteries de sa logeuse qui arrosait des fleurs sous sa fenêtre en fredonnant des chansons… Il mangeait beaucoup de glaces – plusieurs coupes d'affilée –, avait parfois de la fièvre et saignait souvent du nez à la suite de frayeurs impromptues. Il craignit ainsi un jour que son chien, qui n'avait pas de collier, ne fût saisi et abattu par la police. Quand il ne se laissait pas divertir, il remaniait, recommençait jusqu'à dix fois certains chapitres des *Cosaques*, biffant, raturant, confiant ses brouillons à son servant, promu au rang de copiste.

En décembre, il avait enfin terminé son récit *Incursion*, et l'envoyait à Saint-Pétersbourg. Sa grande préoccupation, en cette année 1853, était « le travail ». Littéraire, cela va de soi. Il espérait ainsi atteindre la vertu. Mais Tolstoï voulait, en outre, acquérir la gloire. « Je suis tellement ambitieux, et ce penchant de mon caractère a été si peu satisfait, que, souvent, je le crains, si j'avais à opter entre la gloire et la vertu, je me déciderais pour la première. »

Cette année fut aussi marquée dans le Caucase par une série de campagnes contre le célèbre émir tchétchène Chamyl. La 20e brigade à laquelle appartenait l'écrivain en herbe se mit en route. À l'époque, Léon eut même envie de quitter le service, parce que sa promotion au grade d'officier tardait trop à son gré, parce qu'il n'avait pas obtenu la croix, parce que la monotonie de l'existence au cantonnement lui pesait… Mais il décida de prendre part à une dernière expédition, au cours de laquelle il serait « ou blessé ou tué ». Il ne fut ni l'un ni l'autre, quoique le sort, le 17 février, ait bien failli le prendre au mot. Une grenade ennemie tomba sur le canon qu'il pointait, brisa l'affût et explosa à ses pieds, le laissant, par miracle, indemne. Il fut de nouveau proposé pour la croix mais, sur une invitation de son chef, il consentit à abandonner le hochet en faveur d'un vieux soldat. Une troisième proposition, à quelque temps de là, n'aboutit pas davantage et, pour le coup, ce fut le commandant de la brigade qui y mit son veto, la proposition étant arrivée au moment même où l'aspirant Tolstoï venait d'être puni de quelques jours d'arrêts pour n'avoir pas pris la garde à son tour.

Aussi Léon n'eut-il jamais la croix de Saint-Georges, qu'il désirait tant, « pour faire plaisir à (sa) tante bien-aimée ». Dépité, il donna même sa démission le 23 mai. Elle ne fut pas acceptée…

S'ensuivit l'été, une nouvelle saison d'eaux à Piatigorsk. Léon eut le plaisir de retrouver sa sœur, venue avec son mari pour faire une cure. Macha (elle avait vingt-trois ans) était toujours aussi « gentille », quoique « trop mondaine, voire coquette », c'est-à-dire qu'elle était sociable, et ne dédaignait pas les pique-niques et autres divertissements des baigneurs, ce que détestait son frère.

Bientôt l'histoire aller modifier les vies et les destins. Le tsar Nicolas Ier avait déclaré la guerre à la Turquie. En juillet, les troupes russes envahirent les principautés danubiennes. Léon, qui se morfondait dans son Caucase, fit alors une demande de mutation pour être envoyé en Moldavie, dès qu'il aurait obtenu le grade d'adjudant.

De Kazan, sa tante Pélagie s'employa à hâter cette promotion, écrivant à son ami de jeunesse, l'omnipuissant Premier ministre du tsar le prince Serge Gortchakov, pour le prier de recommander son neveu Léon à son frère, le prince Michel, général en chef de l'armée du Danube. Le prince Michel était un ancien compagnon d'armes du comte Nicolas Tolstoï.

Le 12 janvier 1854, Léon apprit à la fois qu'il était admis à passer l'examen d'officier, ce qui n'était qu'une formalité, et qu'il était affecté à la 1re brigade d'artillerie, en campagne sur les bords du Danube.

Durant une semaine, tous les soirs, et jusque tard dans la nuit, les officiers de la batterie et des postes voisins vinrent trinquer à la santé du nouvel adjudant. Ces messieurs s'enivrèrent au champagne. Devant les soldats, Tolstoï prononça quelques mots d'adieu. Le jour du départ, il fit même célébrer un *Te Deum* (« par vanité »). À la sortie de l'église, il donna un rouble aux pauvres.

Tout à coup, il découvrit qu'il s'était attaché aux lieux qu'il allait quitter et qu'il aimait ses camarades. Sur le bord de la route, debout au milieu de ses officiers, en regardant s'éloigner ce garçon indiscipliné qui lui avait causé tant de soucis, son lieutenant colonel pleura...

Il neigeait. Un froid terrible.

Sa belle Cosaque taciturne fut-elle avertie de son départ ? Sur elle, à cette date, le journal intime reste muet, comme si elle n'avait jamais existé. Elle avait terminé son rôle et semblait entrer dans l'oubli. L'adjudant Tolstoï emportait dans son souvenir son image immaculée. Mais, fixée dans l'œuvre de l'écrivain, ce fantôme rôde toujours près de nous. Tolstoï allait décrire sa vie dans le nord du Caucase dans l'envoûtant roman *Les Cosaques,* commencé en 1852 et publié dix ans plus tard. Son héros, Olénine, c'est évidemment lui-même, jeune aristocrate dégoûté par la vie mondaine et la civilisation. Pages inoubliables qui racontent son émoi devant la nature magique de ce pays « encore épargné par le progrès » ; son amour pour une jeune Cosaque, belle et parfaite dans son instinctive authenticité, ses chasses avec son vieux compagnon qui savait « murmurer aux oreilles des bêtes et des plantes »...

Pour l'heure, ayant obtenu un congé pour aller voir les siens, Léon rentra à Iasnaïa Poliana dans un univers agité par le vol inquiet des flocons. Au cours du voyage, son traîneau avait été pris dans une tempête de neige, le cocher s'étant égaré, et ils avaient erré toute une nuit et failli périr dans un gouffre autour duquel tournoyait un ouragan dévastateur… Souvenir plus désagréable encore que celui du danger : il avait eu peur. Enfin, le quatorzième jour, il avait aperçu les deux tours blanches qui marquaient l'entrée du domaine.

L'hiver russe ! La rivière gelée et la volupté des neiges saupoudrant les tilleuls de l'avenue menant vers son fief familial… Puis les embrassades, les cris. « Le maître est revenu ! » Le pain et le sel offerts au seigneur dans le vestibule, selon l'habitude ancestrale, la bonne chaleur des poêles, l'abondance de la table, les questions, les nouvelles : un propriétaire voisin était mort de maladie, un autre s'était fait sauter la cervelle à cause d'une histoire d'amour malheureux…

Toinette versa de douces larmes en voyant sous l'uniforme revenir « son petit Léon » après une si longue absence. Couvrant de baisers les mains de la vieille demoiselle, Tolstoï aussi pleura. De même, quand ils s'écrivaient, c'était toujours en pleurant.

Toinette s'était sentie si seule à Iasnaïa ! Elle demandait à Dieu, disait-elle, de mettre un terme à son existence, pour qu'elle pût aller rejoindre ceux qui n'étaient plus et qu'elle avait tant aimés. Par ces mots, Léon l'entendait bien ainsi, elle désignait son père à lui. Toinette n'avait accepté de survivre au disparu que pour s'attacher à ses enfants, mais si ceux-là, Léon surtout, l'abandonnaient, alors sa vie n'avait plus aucun sens. Cependant, Tolstoï s'indignait qu'on voulût mourir quand on était encore de ce monde. Certes, il était absent, mais il vivait néanmoins quelque part.

Pour un peu, il eût accusé Toinette de trahison. Heureusement, se sachant aimé d'elle, il ne se sentait pas abandonné. D'ailleurs, ce pénible éloignement avait ses avantages, mettant en évidence toute la force de ses sentiments pour sa tante :

« Les deux plus grands malheurs qui pourraient m'arriver, ce serait votre mort ou celle de Nicolas – les deux personnes que j'aime plus que moi-même », lui écrivit-il. Ou encore : « Si tous les malheurs pouvaient m'arriver, je ne me dirais jamais tout à fait malheureux tant que vous existeriez. »

En traçant ces lignes, Tolstoï avait les yeux pleins de larmes : « Ce sont des larmes de bonheur : je suis heureux de savoir vous aimer. »

Léon avoua ailleurs qu'en lisant les lettres dans lesquelles Toinette lui parlait des sentiments qu'elle éprouvait pour lui, il avait d'abord cru à de l'exagération. Il comprit ensuite que le ton de cette correspondance n'était que l'expression vraie d'un amour sans bornes.

Le maître visita avec plaisir le domaine, fit le tour des écuries, poussa jusqu'au moulin et à sa ferme. Finalement, le nouvel intendant ne s'en était pas trop mal tiré. Tante Toinette, d'ailleurs, avait l'œil sur les comptes. Tout était en ordre. Bientôt la famille fut rassemblée.

Durant son séjour, Tolstoï rendit quelques rapides visites à ses voisins. Il alla à Toula, chef-lieu de sa province où il signa un contrat pour la location de son moulin, et apprit qu'il était officiellement promu adjudant.

Le congé tirait à sa fin et l'heure de la séparation arriva. Cette fois, Toinette décida d'accompagner son cher petit Léon pendant une partie du trajet. Ainsi, ils resteraient ensemble quelques jours de plus…

Après avoir quitté sa tante en chemin, le jeune officier se dirigea vers la frontière roumaine, en passant par les steppes parfumées du sud de la Russie. Au terme de cette traversée, il lui fallut abandonner les traîneaux pour des espèces de chariots plus petits et plus mauvais, dit-il, que les charrettes qui servaient à transporter le fumier. Dans cet « équipage », il franchit un bon millier de kilomètres par des chemins impossibles, ne trouvant, aux relais, personne qui comprît le russe, de surcroît en butte aux exactions éhontées des maîtres de poste. Il arriva à Bucarest rompu de fatigue, après neuf jours de voyage chaotiques.

Bucarest

Bien qu'elle fût encombrée de soldats et d'officiers, la ville lui offrit l'animation, les mondanités, les plaisirs d'une capitale méridionale, alliés à l'activité fébrile et aux habituelles intrigues des aides de camp. L'atmosphère des lieux, propre aux grandes cités proches d'un front de bataille, lui semblait à la fois « élégante et… tuante ».

Tous les soirs, opéra français, opéra italien, et souvent des bals. Aux vestiaires des restaurants à la mode, les casquettes militaires à bandes rouges voisinaient avec les manteaux d'ordonnance doublés de fourrures précieuses. Dehors, les rues nappées d'une neige jaunâtre offraient un plus sinistre spectacle : convois de blessés, piétinement sourd des détachements boueux remontant des tranchées. Les Russes avaient dressé le siège devant la Silistrie toute proche, de l'autre côté du Danube, sur la rive droite, à trois jours de marche. Quand le vent soufflait du sud-est, il arrivait que les chansons tziganes des cabarets fussent étouffées par le son du canon. Après la vie tranquille et presque champêtre qu'il avait menée dans le Caucase, Léon était saisi par ce mélange d'horreur et de raffinement.

Lorsque, fourbu, il atteignit Bucarest, le général en chef était absent, parti en tournée d'inspection sur le front. Mais ses neveux, les fils du prince Serge, deux jeunes gens de l'âge de Léon, tous deux officiers attachés à la personne de

▲ Léon Tolstoï et sa femme
Sophie du temps
de leur idylle.
© Archivio Arici/Leemage

▲ *Le Sauveur* et la *Vierge de Vladimir* :
les icônes préférées de Tolstoï.
© Galerie Tretiakov, Moscou

▲ Tolstoï avec Maxime Gorki
dans les jardins de sa maison.
© Aisa/Roger-Viollet

leur oncle, firent bon accueil au nouvel arrivant. C'étaient de braves garçons, surtout le cadet, quoiqu'il n'eût pas « inventé la poudre ». Par eux, l'adjudant fut immédiatement introduit dans la camarilla. Il fut même d'emblée invité à un bal organisé par l'aristocratie locale. Comme cette troupe dorée était différente des amis que Léon avait laissés, là-bas ! Presque tous les officiers de l'état-major appartenaient aux grandes familles de l'aristocratie des gens titrés ; tous « des gens comme il faut », ce qu'il trouvait « bien agréable ».

En janvier 1854, pour la forme, il fut affecté pendant une quinzaine de jours à une batterie de campagne. Même dans ce court laps de temps, il trouva le moyen de s'attirer, par son mauvais caractère, les rebuffades de son commandant, à qui il apparut comme un enfant gâté qu'on eût expédié là pour en faire un homme.

Le 16 mars, le prince Michel était de retour à Bucarest. Le lendemain, Léon se présenta au palais. Le vieux prince commandant en chef le reçut en vrai parent, l'embrassa et l'engagea à venir dîner tous les jours à sa table, comme naguère au Caucase. Mais la différence était de taille : le caviar et les truites avaient remplacé les haricots ! Impressionné par l'amphitryon, ce puissant chef d'armée, Léon se garda bien de décliner ses invitations.

Durant presque tout le printemps de 1854, il resta à Bucarest, sans autre occupation que les dîners mondains et les soirées à l'opéra. Du moins, tels étaient les plaisirs innocents qu'il avouait à sa tante chérie. Ceux qu'il passait sous silence dans ses lettres étaient bien plus onéreux... Hanté par l'idée fixe de tenir son rang au milieu de jeunes aristocrates plus riches que lui, il dépensait des sommes énormes, bien au-dessus de ses moyens. D'où de constants appels d'argent à son intendant, à son beau-frère, et bien sûr à son frère Nicolas.

Avec tous ces excès de table et de dépenses, sa santé ne s'améliorait pas... Cette existence mondaine ne l'aidait guère à renouer le fil de ses travaux littéraires. Néanmoins, chaque soir, durant des semaines, avant de se mettre au lit, il notait dans son journal, comme un incessant rappel à l'ordre, toujours dans les mêmes termes : « Ce qui m'importe le plus, c'est de me corriger de la paresse, de l'irascibilité et du manque de caractère. »

Un certain soir, même, il écrivit : « Si je ne fais rien demain, je me tuerai. » Mais, le lendemain, il ne fit encore rien, et ne se tua point.

Le visage de la guerre

Le front de Silistrie tenait toujours. L'état-major russe fut transporté au camp situé en arrière des lignes, sur la rive droite du Danube où l'on établit le poste de commandement, au sommet d'une colline, dans de superbes jardins appartenant à Mustapha Pacha, le gouverneur de la ville assiégée.

De ce point élevé, tout semblait à la fois lointain et proche, immense et précis, comme dans un gigantesque tableau reproduisant une scène de bataille où le plus infime détail eût brillé avec une exceptionnelle netteté : le large fleuve, les îles, la ville entière, la forteresse et les redoutes turques et, alentour, le réseau inextricable des tranchées russes. Du haut des terrasses regorgeant de roses en cet extraordinaire début de juin sur le bord du Danube, Tolstoï, muni d'une lunette d'approche, passait des heures à contempler ce spectacle grandiose.

L'heure n'était encore venue pour lui d'affronter la vérité de la guerre et son atrocité. Au Caucase, elle avait revêtu un masque romantique. Là, elle se montrait à lui de loin, embellie au prisme de la beauté architecturale du site médiéval, du recul esthétique et de la douceur du printemps danubien. Les soldats turcs aperçus en contrebas ressemblaient à des soldats de plomb. Hors de portée des canons, une impression de féerie dominait toutes les autres, cachant l'horreur de la mitraille.

Reste qu'en ce lieu magnifique, des hommes s'entretuaient. Et les douces nuits aux lueurs romantiques se muèrent en affreuses fantasmagories quand il dut porter à cheval des ordres aux tranchées. Pénétrant dans le cercle infernal, il y croisa d'étranges regards. S'il se montrait brave en ces occasions, sa mission accomplie, il sortait des lignes, laissant les combattants à leur calvaire. Il remontait bien vite vers ses jardins fleuris pour oublier cette guerre qui allait bientôt montrer son vrai visage.

L'assaut fut décidé. Le prince commandant en chef vint le superviser en personne. Il descendit lui-même dans les tranchées pour prendre les dernières dispositions. L'attitude du chef de guerre, ce matin-là, frappa vivement Tolstoï. Dans l'image qu'il en garda, on distingue la première ébauche de ces portraits légendaires de généraux russes qu'il peindra plus tard, comme Koutouzov dans *Guerre et Paix*. C'est un régal de le voir souligner l'alliance des traits nobles ou grotesques du prince Gortchakov, ses postures sublimes en dépit de sa grande taille ridicule, avec ses mains derrière le dos, sa casquette en arrière, ses lunettes et sa manière de parler comme un dindon, nonobstant son courage sans limites. Les balles et les boulets n'existaient pas pour cet homme qui s'exposait au danger avec tant de naturel qu'il rappelait à Tolstoï un héros antique, toujours donnant ses ordres avec clarté et affabilité. Officiers et soldats, chacun l'adorait.

L'assaut était fixé à trois heures du matin. Léon, écrivant (comme toujours en français) à sa tante Toinette, raconta cette veillée où chacun, le cœur serré, faisait semblant de ne pas penser aux instants qui allaient suivre :

« Le temps qui précède une affaire est le plus désagréable, car là on a le loisir d'avoir peur. (...) Vers le matin, plus le moment approchait, plus ce sentiment de frayeur diminuait, à tel point que, si l'on était venu me dire que l'assaut n'aurait pas lieu, cela m'aurait fait beaucoup de peine. »

L'assaut n'eut d'ailleurs pas lieu. Alors que le ciel déjà blanchissait à l'est, le tsar ordonna de lever le blocus… Au lieu d'en être contrarié, le vieux commandant en chef de l'armée du Danube, que cette décision privait peut-être d'une grande gloire, se déclara « heureux qu'une boucherie fût évitée ». En réalité, la situation géopolitique avait changé : l'Angleterre et la France étaient entrées en guerre avec la Russie, débarquant aux Dardanelles en avril et en mai. Une partie de cette armée d'Orient devait être envoyée par le Bosphore et la mer Noire au secours des Turcs. Percevant les dangers d'une guerre avec les Français et les Anglais, le tsar Nicolas Ier préféra faire évacuer ses troupes des principautés danubiennes.

Dans son journal, Tolstoï ne souffle mot de ces complications. La diplomatie, la stratégie : « fadaises »…

Au sein de l'état-major, il suivit le mouvement de repli. Dans l'agitation générale, il se brouilla avec les deux neveux du commandant en chef qui l'avaient si gentiment accueilli à son arrivée. Il n'en eut cure et chassa vite l'algarade de son esprit.

Le tourbillon des manœuvres militaires ne lui faisait pas oublier sa passion des femmes. Un jour, dans un village que traversait le détachement, il se haussa sur ses étriers pour embrasser une ravissante Ukrainienne postée à sa fenêtre qui jeta ses bras nus autour de son cou. Il laissa filer ses compagnons, s'attardant toute la nuit auprès de la belle, et rejoignit au galop la colonne au petit matin…

C'est durant cette retraite que l'idée lui vint de fonder une revue militaire. Son goût de la pédagogie perçait déjà. Mais l'adjudant, marqué par des aspects effroyables de la guerre qui s'étaient offerts à sa vue, et comme jadis à l'université, y préconisait de réformer ses camarades et… ses chefs. Un numéro spécimen fut composé et soumis au tsar, qui refusa immédiatement l'autorisation. Tolstoï en fut profondément blessé.

De toutes parts affluaient des paysans bulgares en passe d'être massacrés par les Turcs après le départ des Russes. Des villages entiers déroulaient le train de leurs bêtes de trait et de leurs charrettes misérables... Seule cette réalité humaine importait à l'écrivain.

Sébastopol

Au début de septembre, Tolstoï apprit les mauvaises nouvelles de Crimée : le débarquement de la France et de la Grande-Bretagne, suivi de la défaite des Russes. Il en fut bouleversé. Le 5 octobre, les Franco-Anglais mirent le siège devant Sébastopol. L'idée du sol russe envahi l'obsédait ; les images de violence se bousculaient en lui.

Mère patrie ! Oui, ces mots, à cette époque, revêtaient encore à ses yeux et dans son cœur un véritable sens. Certes, l'horreur de la guerre, de toute guerre, cette autre grande vérité entrevue, il ne l'oubliait point. Mais en ces jours dramatiques, la vague intuition que la guerre était un crime se mêlait à la certitude grandissante qu'elle était une fatalité.

Lucide, l'ardent jeune homme constatait le désordre et l'impéritie du commandement russe, les lacunes épouvantables de la préparation matérielle, sans parler des erreurs des politiques – vices de tout un système. Au début du mois de novembre, il demanda à être envoyé en Crimée. « Pour voir la guerre, pour échapper à l'état-major et, aussi, par patriotisme. »

Promu au grade de sous-lieutenant, affecté à la 3ᵉ batterie légère de la brigade d'artillerie à Sébastopol, il partit immédiatement « au front ». La vérité oblige à dire que sa batterie était casernée dans la ville même, assez loin des forts et des ouvrages avancés. Sébastopol n'était assiégée que par le sud. Les communications de la ville avec le pays, protégées au sud-est par la colline fortifiée de Malakov, restèrent libres jusqu'à la fin. Les Russes doublèrent les forts de bastions, eux-mêmes couverts par des tranchées.

Mais Tolstoï, en « spectateur engagé », voulait tout voir de ses propres yeux. Pendant une semaine, il quitta donc Sébastopol pour un voyage à travers les lignes avancées. Partout, il rencontra l'incurie. On laissait l'ennemi se renforcer, sans l'inquiéter le moins du monde, comme si l'on se reposait sur saint Nicolas pour souffler des intempéries qui chasseraient l'envahisseur.

Des processions de popes en habits sacerdotaux apportaient des icônes aux premières lignes. La fumée des encensoirs enroulait ses spirales au fumet des popotes, et le bourdonnement des prières slavonnes courait, avec la fusillade, le long des parapets. Les Cosaques maraudaient, les hussards s'enivraient, les colonels d'infanterie ne songeaient qu'à réaliser des bénéfices sur l'ordinaire du troupier. Le remue-ménage mercantile des chefs continuait tandis que l'organisation de la défense demeurait en suspens ! Il arrivait à Léon de se perdre à travers le labyrinthe des batteries. Mais il gardait malgré tout la conviction que Sébastopol était imprenable.

De sa visite aux lignes, l'écrivain rapporta une première moisson d'observations et d'anecdotes. C'est de cette époque que date chez lui l'admiration presque religieuse pour le simple soldat russe. Commençait à germer dans son esprit une image mystique du combattant obscur, silencieux sous les armes « comme la terre aux longues neiges ». Qu'importait qu'il fût pouilleux et dépenaillé ! L'abnégation, à ses yeux, était sa grande force.

Il convient ici d'apporter quelques nuances. Par un certain côté, la vie militaire convenait au jeune sauvage qui habitait au fond de l'âme de Tolstoï. Mais, si le danger l'exaltait, le caractère sordide de la guerre l'écœurait. De surcroît, son intuition lui disait qu'il était en train de perdre un temps précieux, qu'il y avait en lui autre chose qu'un officier courageux, aimé de ses camarades et apprécié de ses soldats.

Le 4 mars 1855, il note dans son journal une réflexion qui lui apparaît « immense » : « Je me sens capable de consacrer ma vie à en poursuivre la réalisation. » Une « discussion sur la divinité et la foi » l'a conduit à cette grande idée : la fondation d'une nouvelle religion, correspondant au niveau de développement de l'humanité, la religion du Christ, mais purifiée du dogme ; une religion pratique ne promettant pas que le bonheur de la vie future, mais le donnant sur cette terre.

Toute la future doctrine de Tolstoï semble déjà être formulée, dans ce retour au christianisme primitif et ce projet de séparation du croyant et de l'Église. Hélas ! Le lendemain, le « jeune prophète en puissance » oublia ce songe qui, après avoir affleuré à sa conscience, replongea aux profondeurs d'où il était venu. La « grande idée » ne remontera au grand jour que vingt-quatre ans plus tard, cette fois avec toute la force d'une ambition prophétique.

En décembre 1855, la 3ᵉ batterie légère fut de nouveau envoyée à l'arrière, à une quarantaine de kilomètres du front. Léon s'installa confortablement dans une maison de campagne. Il allait souvent danser et jouer du piano avec des jeunes filles, ou bien tirer la biche en compagnie de hauts fonctionnaires, dans un massif montagneux voisin.

En janvier, sa batterie campa au bord du fleuve Belbek, dix kilomètres au nord de Sébastopol. Après une nouvelle permutation d'officiers, Léon hérita d'un nouveau chef : « la plus sale créature qu'on puisse imaginer ». De rage, il joua un jeu d'enfer, perdit tout son argent et avec sa fortune l'antique palais de bois de Iasnaïa Poliana.

La grande Histoire allait bientôt changer de nouveau son destin. En février 1856, le tsar Nicolas Ier rendait son âme à Dieu, et l'armée prêtait serment au nouvel autocrate, Alexandre II.

Le pays accueillit cet avènement avec un soulagement profond et des espoirs démesurés. De grands changements attendaient la Russie. Tolstoï, dans son coin, prétendait y collaborer. Délaissant la dame de pique – il était ruiné –, il rédigea… un projet de réorganisation de l'armée. Ses ardeurs réformistes furent vite modérées. Des bords paisibles du Belbek, sa batterie fut envoyée à l'avant et il fut affecté au sud, au 4e bastion, le plus dangereux de Sébastopol assiégée par les troupes françaises et anglaises. Du secteur calme où il avait le loisir d'écrire sur la guerre, Léon passa dans la guerre même. Cette fois au cœur de la fournaise, il nota :

« Je suis irrité qu'il ne vienne à l'idée de personne que je puisse servir d'autre chose que de chair à canon. » Sans doute, du haut de son orgueil, songeait-il à la perte irremplaçable qu'eût été sa disparition, non seulement pour son pays mais aussi pour le monde… Il n'avait que vingt-sept ans, et s'indignait de n'être qu'un morceau de charbon parmi les autres, sur la pelle qui nourrissait le brasier de la guerre.

Le fourrier de la batterie prenait le service quatre heures sur huit. Aux relèves, il retournait en ville, occupant les intervalles de repos à rassembler ses impressions dans ses *Récits de Sébastopol*, profitant de la toute récente vogue journalistique des « correspondances de guerre » initiées à Londres par le *Times*, à l'occasion précisément de la campagne de Crimée.

Toutefois, Tolstoï n'écrivait pas comme un correspondant de guerre, mais comme un initié. Là résidait la nouveauté. À l'idée abstraite, diplomatique, souvent pompeuse, de la guerre, il opposait l'authenticité du vécu. Il ne commentait pas : il décrivait ce que ressent un simple soldat sous le feu.

Sa vie allait prendre un autre tournant. Inquiète du sort réservé à son neveu, son influente tante Pélagie avait envoyé une nouvelle requête à l'adresse de l'omnipotent prince Gortchakov. Un de ses amis, sur sa demande, se chargea de la remettre au destinataire en mains propres. L'effet ne tarda pas. Le 15 mai, Tolstoï était retiré du 4ᵉ bastion et nommé au commandement d'une batterie de montagne à Belbek, petite localité située une vingtaine de kilomètres au nord de Sébastopol.

La légende veut que ce déplacement ait été ordonné par le nouvel empereur Alexandre II en personne, qui, ayant lu en épreuves quelques chapitres des *Récits de Sébastopol*, en aurait été si vivement ému qu'il aurait aussitôt exprimé la volonté qu'un auteur aussi doué fût immédiatement soustrait au danger.

Il est vrai que le récit de Tolstoï fut lu et apprécié par le tsar et que la jeune impératrice, le lisant à son tour, pleura. Mais bornons-nous aux faits : Tolstoï envoya son manuscrit à Saint-Pétersbourg le 8 mai. Une semaine, c'était bien court pour que le pli parvînt à Saint-Pétersbourg, pour que l'ouvrage fût composé et mis à la disposition du tsar et pour que ce dernier en prît connaissance et donnât l'ordre de retour de Tolstoï. On peut supposer que la lettre de la tante Pélagie, remise au prince dès le 24 avril, emporta la décision de changer son affectation. Mais, le cas échéant, tout concourt à penser que Tolstoï ne fut pas retiré du combat à son corps défendant, par un ordre d'en haut, tombant des nues, mais à la suite de démarches nombreuses et d'une recommandation sollicitée par lui-même.

Il n'en demeure pas moins incontestable que le tsar Alexandre II ratifia personnellement la mesure prise. Pour la galerie, cette auguste et tardive approbation, venue après coup, s'est vue transformée en une sorte d'intervention céleste pour sauver la vie d'un « génie de la littérature mondiale ».

En tout état de cause, les *Récits de Sébastopol* parurent en 1855 et connurent un immense succès. Alexandre II les fera traduire en français et l'écrivain Ivan Tourgueniev écrira à ce propos : « Ce vin est encore jeune, mais quand il aura fini de fermenter, il en sortira une boisson digne des dieux. »

À partir du moment où il fut envoyé à l'arrière, Tolstoï connut, pendant des mois, le train monotone de la vie au campement. Il recommença à jouer aux cartes, passant des journées entières seul à chercher des combinaisons mirifiques qui ne firent qu'accentuer sa ruine.

Le 28 août, Sébastopol tombait. Soit nostalgie du péril, soit curiosité d'écrivain, toujours est-il que Léon voulut personnellement assister à l'agonie de la Crimée. Emporté dans le vent du désastre, il prit part, en volontaire, aux dernières convulsions de la résistance. « J'ai pleuré quand j'ai vu la ville en flammes et les drapeaux français sur nos bastions », écrit-il dans son journal.

Après la chute de Sébastopol, les lignes russes rompues, la batterie de Tolstoï entra en contact avec les avant-gardes françaises. Dans le courant de novembre, il était détaché de sa batterie et envoyé comme courrier à Saint-Pétersbourg.

À ce moment, il avait déjà la tête ailleurs. Désormais, le jeune homme n'avait qu'un but : la gloire littéraire.

Il hésitait encore entre deux possibilités : entrer à l'Académie militaire de Saint-Pétersbourg, où il aurait tout loisir de continuer d'écrire ses livres, ou quitter définitivement l'armée, affirmant sans ambages : « Ma carrière, ce sont les Lettres. Écrire, écrire ! À partir de demain, je travaille toute ma vie, ou bien je lâche tout : règles, religion, convenances, tout ! »

Et le comte partit pour la capitale de l'empire des tsars.

La gloire

Fondée par Pierre le Grand, Saint-Pétersbourg est une ville extraordinairement envoûtante quand, à la fin du printemps, elle offre l'émerveillement de ses nuits blanches. Durant quelques jours, au début du mois de juin, la clarté s'étire jusqu'à l'aube. Le ciel prend alors la couleur d'une perle qui s'éteint à peine. Il semble que le soleil s'amuse, joue à cache-cache avant de resurgir de plus belle.

Cette fois, Tolstoï revint à la fin de l'automne. Quand le brouillard se fut dissipé et que roulèrent dans le ciel de gros nuages blanchâtres aux reflets de plomb, il aperçut au loin se dessiner la ville.

Un vent glacé venu du nord soufflait, figeant les ornières des routes. Dans les rues, de vagues silhouettes se hâtaient sur les trottoirs, pressant le pas à travers les tourbillons de neige dansant dans la lumière des grands lampadaires.

Saint-Pétersbourg lui apparut enfin : la flèche de l'amirauté, la forteresse Pierre-et-Paul, le pont Anickov avec ses quatre statues équestres...

Des sphinx égyptiens de couleur ocre regardaient impassibles le fleuve jaune. Par-delà la Neva, l'alignement des palais jusqu'au palais d'Hiver, et le golfe de Finlande, où la cité surgit en 1703 pour devenir la capitale en 1712...

La mer était pailletée d'or et Saint-Pétersbourg lui offrait le brasier de son coucher de soleil avec ses vert amande, ses roses tendres, ses bleu ciel, ses jaunes, toutes les couleurs chères à l'architecte italien Rastrelli.

Mais les frimas de la capitale de l'empire des tsars allaient un peu refroidir les ardeurs de Tolstoï. En effet, le paysage de Saint-Pétersbourg était déterminé par l'eau qui occupait un dixième de sa superficie. Un véritable labyrinthe, dessiné par l'architecte français Leblond. Le vent glacial de la mer Baltique s'infiltrait partout. L'hiver y était impitoyable. Le brouillard enveloppait les palais et effaçait les quais dans un halo de lueurs pâles, fragiles et fantomatiques.

Le poète Fet a raconté dans ses *Souvenirs* qu'à la fin de 1856, à une époque où il était lui-même lieutenant dans la garde à Saint-Pétersbourg, s'étant rendu un matin chez le romancier le plus en vogue à l'époque, Ivan Tourgueniev, il avait aperçu dans un coin de l'antichambre un sabre auquel était enroulé un ruban de l'ordre de Sainte-Anne. Par l'une des fenêtres, on voyait s'étendre au loin, très bas derrière la rivière, l'immense tableau bleuté de la Neva enneigée et, plus à gauche, une partie du palais d'Hiver.

« À qui est ce sabre ? » demanda-t-il au valet.

Celui-ci, mystérieusement, fit signe au visiteur de baisser la voix et, désignant dans le couloir une porte fermée, chuchota :

« C'est le sabre du comte Tolstoï ! Il est descendu chez nous. »

La suite de l'explication fut donnée par Tourgueniev lui-même, mais toujours à voix basse :

« Oui, c'est tout le temps comme ça. Il est arrivé de Sébastopol, et il loge ici. Il en mène une vie ! Toutes les nuits, le vin, les Tziganes, les cartes ! Après cela, jusqu'à deux heures, il dort comme un mort. Au commencement, j'ai tâché de le retenir, mais à présent j'ai renoncé. »

Et Tourgueniev souriait.

Que de choses dans ce sourire : l'indulgence d'un cœur bon, quelque embarras allié à une certaine timidité, mais surtout une secrète envie d'homme faible, au voisinage de cette grande force de la nature plongée dans son repos. Le cabinet de travail de l'écrivain étant contigu à la chambre du dormeur, Tourgueniev s'appliquait à ne faire aucun bruit. Il parlait à l'oreille...

Tolstoï était arrivé en novembre 1855 à Saint-Pétersbourg. Il n'avait jamais vu Tourgueniev auparavant, mais il éprouvait une grande admiration à l'égard de son aîné. Le lieutenant s'était empressé de rendre visite au célèbre écrivain, ami de sa sœur. Ce dernier, avec son hospitalité légendaire, l'avait accueilli par ces mots : « Soyez le bienvenu. Il y a une chambre pour vous. »

De haute taille, beau, riche, éminemment cultivé malgré des études distraites dans trois universités, Tourgueniev parlait cinq langues et se consacrait aussi bien à la peinture qu'à la musique. Il comptait parmi ses amis les écrivains les plus célèbres de Saint-Pétersbourg.

Tolstoï se rendait régulièrement à la revue de littérature *Le Contemporain*, fondée en 1836 par Pouchkine. Après la mort du poète, tué en duel l'année suivante à l'âge de trente-sept ans, le magazine connut des jours difficiles, et son tirage avait considérablement baissé, lorsqu'un groupe d'écrivains très actif reprit l'affaire en mains. Les nouveaux directeurs furent J. Panaïev et N. Nekrassov, deux poètes en vogue.

Une fièvre de rénovation agitait alors le pays. C'était surtout dans cette classe intermédiaire, généralement instruite, appelée « l'intelligentsia », que fermentaient les idées, les projets et les rêves bercés par une catégorie assez complexe d'habitants que l'on désignait sous le vocable de *raznotchintsy*, « de conditions diverses ». C'étaient des citadins d'origines variées, petits-bourgeois, marchands ou artistes. Ayant achevé leurs études et ne désirant pas entrer dans l'administration comme fonctionnaires, ces gens ne pouvaient avoir un statut déterminé. Il en arrivait un grand nombre de province, qui cherchaient des débouchés dans la grande ville. Ils se faisaient souvent instituteurs ou précepteurs. Ceux qui avaient reçu les diplômes correspondants devenaient médecins, infirmiers ou employés dans divers établissements. Beaucoup d'entre eux se destinaient au journalisme et à la littérature; ainsi naquit au XIXe siècle la littérature des *raznot-chintsy* dont l'éclat relatif donnera naissance aux écrivains des années 60. L'intelligentsia russe est née de ce milieu.

Comme plus tard au XXe siècle, sous un régime où les libertés publiques n'existaient point, les voix de l'opinion empruntant les voies détournées de l'allusion, de la fiction romanesque ou de la description poétique parvinrent à se faire entendre.

La question du servage, centre de toutes les préoccupations sociales, fut ainsi évoquée dans les *Récits d'un chasseur* de Tourgueniev. Ces évocations de la campagne russe, composées en France à Courtavenel, en Brie, par cet écrivain originaire de la Russie profonde, amoureux d'une cantatrice française Pauline Viardot, fournissaient aux partisans de l'abolition du servage les arguments les plus forts: un simple tableau, sans commentaire, de l'horreur existante.

Le cas de Tourgueniev, cependant, restait particulier. Exceptionnelle fut l'aventure de ce messager romanesque qui alla porter secours à des dizaines de millions d'êtres.

Mais Tolstoï connaissait aussi un autre Saint-Pétersbourg. Que de bals, que de fêtes, que de spectacles!

Si les palais des environs des villes et les domaines permettaient de se reposer de la vie urbaine, ils se révélaient tout aussi parfaits pour des réceptions extravagantes. Les grands aristocrates que fréquentait Tolstoï organisaient des soirées pour des centaines d'invités où l'on se livrait à tous les plaisirs de la campagne : faire du bateau et des promenades en été, chasser en automne et glisser en troïka en hiver. Les demeures étaient généralement assez spacieuses pour recevoir de nombreux visiteurs que l'on gardait plusieurs jours d'affilée.

Que de bouteilles de champagne cette ville consommait chaque nuit pour accompagner ces festivités dominées à l'époque par d'âpres discussions…

Occidental ou slavophile ?

Les uns disaient : « Imitons l'Occident, comme le préconisait le plus grand tsar russe, Pierre Iᵉʳ. Lui-même avait indiqué cette voie. Tous nos malheurs sont venus de ce que nous nous en sommes écartés. »

Les autres ripostaient : « N'imitons personne, et surtout pas cet Occident pourri et perfide ! La civilisation russe est une antithèse de leur esprit matérialiste dominé par le bien-être et la rentabilité. Le Progrès, cherchons-le, mais qu'il soit obtenu à notre manière. La Russie doit rester un monde à part. »

Une vieille prophétie joua un rôle décisif en faveur de la seconde approche. Un obscur moine de Pskov, du nom de Philothée, émit l'idée que Moscou serait de droit la troisième Rome : « Deux Rome sont tombées, avait-il écrit en 1511 au prince de Moscou Basile III, le père d'Ivan IV le Terrible. La troisième se dresse, et de quatrième il ne peut y avoir. »

Cette prophétie représente l'essence même du messianisme russe si cher à Tolstoï, qui suggéra : « Qui sait si tous les peuples de la terre, un jour, ne nous prendront pas pour guides ? » Habilement utilisée par les grands princes de Moscou puis par le premier tsar Ivan le Terrible, cette doctrine fournit un puissant instrument de pouvoir : peu avant la chute de Byzance, en 1453, Moscou refusa de signer le Traité de l'Union de Florence, fruit du Concile de Florence par lequel l'Église d'Orient acceptait de se soumettre à l'autorité de Rome. Moscou s'instaura alors seule gardienne de l'orthodoxie et se considéra comme l'héritière de Byzance.

En Russie, les monarques peuvent devenir ermites, les fols en Christ gravir les marches les conduisant au trône et les écrivains, comme Tolstoï, prétendre au rôle de prophète. Si les frontières demeurent floues entre la religion, la littérature, la politique et l'érotisme, cette étonnante symbiose fut souvent éclairée à travers les siècles par la quête incessante de la spiritualité. En effet, une pareille terre, sous le froid du ciel du nord, éveille aisément le sentiment de l'inanité de la vie, inclinant l'âme à la recherche de la spiritualité, à la méditation intérieure, et souvent au mysticisme.

Les souverains comme les hommes du peuple ne furent pas les seuls à se tourmenter pour le salut de leur âme, à chercher le chemin de la paix dans les monastères. La société civile, toutes classes confondues, n'a jamais cessé, quant à elle, de professer un ensemble d'idées beaucoup plus large. Ainsi, à l'époque, des moines véhiculèrent des doctrines et des pratiques chamanistes ou même hindouistes ; des confréries diffusèrent des cultes antinomiques ou orgiaques du Proche-Orient ou d'Asie centrale.

L'architecture monumentale russe incarne aussi cette symbiose. En dépit de quelques apports italiens, le Kremlin, ses églises et palais, ont subi l'influence de l'architecture islamique d'Asie centrale et d'Asie du Sud avec leurs minarets, leurs murailles rouges crénelées, leurs bulbes dorés.

Si un ascendant strictement européen s'imposa à partir du règne de Pierre le Grand à Saint-Pétersbourg, le style asiatique, rebaptisé « style national russe », revint en force à Moscou. Alors Saint-Pétersbourg devint symbole des Occidentaux ou Occidentalistes, et Moscou des Slavophiles, deux courants d'idées opposés qu'on retrouve en Russie jusqu'à nos jours.

À la revue *Le Contemporain* où publiait Tolstoï, les Occidentaux dominaient, mais, dans ce cercle même, des scissions déjà s'annonçaient. Sur les divergences de doctrines politiques, sur la diversité des opinions esthétiques, se greffaient comme d'habitude les rivalités personnelles.

Dans cette foire aux vanités, « le sabre » de Tolstoï portait tout un message : à Saint-Pétersbourg, le comte Léon affichait des goûts et des façons proprement militaires qui contrastaient avec les mœurs pacifiques de ces intellectuels surexcités. Il était seul, dans ce milieu, à porter l'uniforme, si bien que l'on prêta à son sabre insolite une valeur de symbole. Ce fer marquait la position d'aristocrate, son orgueil et son indépendance farouche.

Officier, certes, le nouveau collaborateur de la revue *Le Contemporain* demeurait par la brutalité de ses délassements de « loup en rut » un personnage à part. Ainsi effarait-il Tourgueniev – une nature plutôt féminine, fin gourmet et de tempérament lisse – par les excès de sa sensualité exorbitante et l'ampleur de ses appétits.

Ces trois lignes du journal de Tolstoï en disent long sur certaines de ses excursions : « Nous sommes allés à Pavlovsk (célèbre par ses lieux de plaisir). Filles, musique stupide, filles, rossignol mécanique, filles, chaleur, fumée de cigarettes, filles, vodka, fromage, cris frénétiques, filles, filles, filles ! »

Mais bien que Léon en épuisât toutes les jouissances, Saint-Pétersbourg lui déplaisait. Il condamnait le cloaque avec d'autant plus de sévérité qu'il trouvait davantage d'occasions de s'y vautrer. Mécontent de lui, il n'en méprisait pas moins les autres, n'apportant dans les réunions littéraires que son humeur agressive. L'enthousiasme général que soulevaient les romans de George Sand, par exemple, le mettait hors de lui.

À dire vrai, il n'était d'accord avec personne. Et il semblait moins chercher le triomphe de sa vérité que l'humiliation de l'adversaire. Il expliquera plus tard que ces écrivains, ces « pontifes », avec leurs jalousies, leurs disputes, étaient des hommes immoraux, bien inférieurs à ceux qu'il avait rencontrés dans sa vie de bohème militaire. « Les écrivains d'alors se croyaient les prêtres d'une religion qu'ils appelaient "le Progrès". En quoi consistait "le Progrès"? Ils ne se le demandaient même pas. Ils pensaient qu'en publiant leurs élucubrations, en polémiquant entre eux, en échangeant des injures, ils collaboraient au Progrès. » C'est ce qu'on lit dans ses *Confessions*, écrites en 1879.

Il y avait cependant un véritable débat d'idées, engageant l'avenir. Tout n'était pas mesquinerie ni bavardage dans ces cénacles agités. Et Tolstoï avait beau jeu de stigmatiser les petites débauches de ces hommes de lettres ou leurs escapades amoureuses dans les grands restaurants: il était mal placé pour leur donner des leçons! À moins que ce ne fût la médiocrité de leurs « orgies » qui choquait ce grand seigneur qui dépensait sans compter? Le hasard voulut simplement que ses premières œuvres parussent à la revue *Le Contemporain* et qu'il fût introduit dans un groupe avec lequel il n'avait aucune affinité profonde. Il se trouvait parmi les Occidentaux, par hasard puisque c'était là l'étiquette de la revue, classé lui-même « occidental ». Mais sa lassitude, son attitude insolente, provenaient d'un malaise intime. Toutes les tendances de sa nature, tous les instincts et de surcroît toute la puissance de son orgueil le portaient inconsciemment vers le groupe opposé, celui des Slavophiles. Sa sympathie à leur égard était évidente. Ils se consacraient, disait-il, à « des vérités sérieuses ». Mais aussitôt, les réserves et les objections naissaient dans son esprit: « Les Slavophiles ont une manière haineuse de défendre leurs idées. » Enfin, selon lui, les Slavophiles avaient ceci de répréhensible que le gouvernement les protégeait et que « la censure étouffait la voix de leurs adversaires ». Donc, Tolstoï ne sera pas Slavophile. Il restera un « pseudo-Occidental ».

Tolstoï et Tourgueniev

Tolstoï constatait souvent : « On peut écrire avec la tête ou avec le cœur. Lorsque je commence à écrire avec la tête, je m'arrête toujours et m'efforce de ne laisser parler que mon cœur. » Ou encore : « Étrange chose ! Je sais de moi-même combien je suis mauvais et sot, et cependant, l'on me tient pour un homme de génie. Que sont donc les autres ? »

Sévère avec lui-même, sévère avec les autres, il était souvent indulgent avec son ami Tourgueniev, car il savait que celui-ci « écrivait avec son cœur ».

Pourtant, les rapports entre Tourgueniev et Tolstoï ressemblèrent bien aux montagnes russes ! D'ailleurs – et c'est encore une preuve du caractère changeant de ce dernier pendant ce séjour à Saint-Pétersbourg – Léon quitta rapidement l'appartement de son célèbre ami pour un luxueux rez-de-chaussée au sud de la perspective Nevski.

Mais la campagne lui manquait. Ce véritable aristocrate, dénué de morgue avec ses paysans, se plaisait dans leur compagnie jusqu'à les embrasser sur la bouche à Pâques. Au fond, il détestait la vie citadine, tous ces bourgeois de la grande ville, « ces culs-de-plomb, qui, pour la plupart, ne sauraient pas se tenir en selle ! ». Tourgueniev, au moins, c'était autre chose, un aristocrate, un vrai chasseur ! Mais quand ce dernier rentra de son séjour à Paris, Léon le trouva encore plus agaçant que les autres, par sa manie de vouloir leur ressembler :

« Il n'y a qu'à le voir, dans la discussion, se promener lourdement, de long en large, les mains dans les poches du pantalon, les basques de sa redingote relevées, exhibant son gros derrière, ses cuisses démocratiques ! » répétait-il à l'envi avec sa méchante ironie.

Ainsi pouvons-nous lire dans son journal : « Brouillé avec Tourgueniev. » La semaine suivante : « Dîné chez Tourgueniev. Nous sommes réconciliés. » Le 1ᵉʳ mars, de nouveau : « Brouillé avec Tourgueniev. Définitivement, à ce que je crois. » Le 25 avril : « Suis allé chez Tourgueniev avec plaisir. » Le 5 mai : « Dîner chez Tourgueniev. »

Après ce dîner, Tourgueniev partit pour ses terres. À peine se fut-il éloigné que Tolstoï le regretta et l'y rejoignit.

Tout l'hiver de 1856 fut empli de leurs querelles. Ils ne pouvaient se rencontrer sans se prendre à partie. Et c'était toujours Tolstoï qui commençait. Tourgueniev entrait alors dans une de ses rages impuissantes. Il suffoquait sur les divans. Sa voix de fausset se brisait en des notes suraiguës, cependant que Tolstoï, de ses yeux féroces, le regardait fixement. Tourgueniev souffrait dans sa bonté, dans son amour-propre, de ces attaques incessantes. Mais au-delà, il percevait aussi d'étranges dessous dans le caractère de ce jeune homme asocial. Il le disait « incapable de croire à la sincérité d'autrui ; ridiculement vain de son titre de comte ; mieux à sa place chez les princesses que parmi des écrivains ».

Depuis des générations, les Tourgueniev, comme les Tolstoï, gentilshommes campagnards, vivaient dans leur propriété d'Orel, plus de trois cents kilomètres au sud de Moscou. Les demeures décrites dans les romans russes se ressemblent toujours un peu. D'ailleurs Iasnaïa Poliana, fief de Tolstoï, n'était pas loin. L'ambiance des nids de gentilhomme marqua à jamais ces deux grands écrivains. Mais le caractère de Tourgueniev fut forgé par une mère inquiète parce qu'elle avait épousé un homme de dix ans son cadet, frustrée parce que ce mari était volage. Elle était despotique, très cruelle à l'égard des serfs et brutale même avec ses propres enfants à tel point que ses fils, Ivan et Nicolas, la fuyaient. L'amour d'Ivan pour la nature fut d'ailleurs dicté par cette habitude de faire des fugues en rase campagne où il recherchait les caresses qui lui manquaient.

Il existe un autre parallèle indéniable entre Tourgueniev et Tolstoï : pour tous deux, l'image de la femme sublimée était une sorte de hantise depuis leur tendre enfance.

Un soir, à Paris, lors de l'un des fameux dîners en présence de Daudet, Flaubert et les frères Goncourt, avec leur fraternité virile, leurs plaisanteries de corps de garde et le langage dru des impressionnistes, Tourgueniev revint soudain sur ses années de jeunesse :

« J'étais tout jeunet, j'étais vierge, avec les désirs qu'on a lors de ses quinze ans. Il y avait chez ma mère une femme de chambre, jolie, ayant l'air bête, mais vous savez, il y a quelques figures où l'air bête met une grandeur. C'était par un jour humide, mou, pluvieux, un de ces jours qui éveillait les sens. Le crépuscule commençait à tomber. Je me promenais dans le jardin. Je vois tout à coup cette fille venir droit à moi et me prendre – j'étais son maître et là, elle était une esclave – par les cheveux à la nuque en disant : "Viens !"

« Ce qui suit est une sensation semblable à toutes les sensations que nous avons éprouvées. Mais ce doux empoignement de mes cheveux avec ce seul mot, quelquefois cela me revient, et d'y penser, cela me rend tout heureux.

– C'est très beau, répondit Flaubert.

– Je me souviens, poursuivit Tourgueniev, qu'en ce temps-là, l'image d'une femme, le fantôme de l'amour, ne se dressait presque jamais dans mon esprit avec des contours bien définis. Mais dans tout ce que je pensais, dans tout ce que je ressentais, se cachait cependant un pressentiment à demi conscient et poétique de quelque chose d'inconnu, d'inexplicablement doux et féminin. »

Avec son ami Flaubert, il alla encore plus loin :

« Moi, ma vie est saturée de féminité. Il n'y a ni livre ni quoi que ce soit au monde qui ait pu me tenir lieu et place de la femme. Comment exprimer cela ? Je trouve qu'il n'y a que l'amour qui produise un certain épanouissement de l'être… Tenez, j'ai eu, tout jeune homme, une maîtresse, une meunière des environs que je voyais dans mes chasses. Elle était charmante, toute blanche avec un trait dans l'œil, ce qui est assez commun chez nous. Elle ne voulait rien accepter de moi. Cependant, un jour, elle me dit : "Il faut que vous me fassiez un cadeau. – Qu'est ce que vous voulez ? – Rapportez-moi un savon parfumé." Je lui apporte le savon. Elle le prend, disparaît, revient les joues roses d'émotion et murmure en me tendant les mains, gentiment odorantes : "Embrassez-moi les mains comme vous embrassez dans les salons les mains des dames." Je me jetai à ses genoux, et vous savez, il n'y a pas un instant dans ma vie qui vaille celui-là. »

Encore une fois touché par ce récit, Flaubert remarqua, songeur : « C'est charmant »…

Ce qui distinguait Tolstoï et Tourgueniev, c'était l'esprit intransigeant de l'un et l'esprit conciliant, sinon libéral, de l'autre qui l'exprima très bien dans sa réponse à une lettre de Léon dépassant les clivages traditionnels entre la gauche et la droite : « Apparemment, un grand changement est en train de s'opérer en vous, en bien… Vous vous apaisez, vous vous clarifiez, et, surtout, vous vous libérez de vos propres convictions et préjugés… Dieu fasse que votre horizon devienne chaque jour plus vaste ! Seuls s'attachent aux systèmes ceux qui n'arrivent pas à saisir la vérité tout entière et qui veulent l'attraper par la queue ; le système est comme la queue de la vérité, mais la vérité, elle, est pareille à un lézard : elle vous laisse sa queue entre les mains et s'enfuit, sachant bien que très vite lui repoussera une queue nouvelle !... »

En septembre 1856, il lui écrivit encore :

« À part les intérêts littéraires, nous n'avons que peu de points de contact. Votre vie s'élance vers l'avenir, la mienne est construite sur le passé. Vous suivre m'est impossible, et vous ne pouvez pas me suivre non plus. Si l'un de nous doit envier l'autre, ce n'est sûrement pas vous. Nous ne serons jamais des amis suivant la conception de Rousseau, mais chacun de nous aimera l'autre, sera heureux de ses succès et, lorsque vous vous serez calmé et que le bouillonnement qui vous anime diminuera, je suis sûr qu'alors, joyeusement et librement, nous nous serrerons la main, comme le jour où je vous vis pour la première fois à Saint-Pétersbourg.

« Je vous aime en tant qu'homme, mais bien des choses en vous me contrarient, et je me sens plus à l'aise en me tenant loin de vous. Lorsque nous sommes séparés, un sentiment paternel anime mon cœur, je ressens même de la tendresse.

« En un mot, je vous aime... »

L'énigme d'un juste

Le séjour de Tolstoï à Saint-Pétersbourg fut interrompu au début de janvier 1857 par un voyage de quelques jours à Orel. Il fut appelé dans cette ville proche de son fief familial auprès de son frère Dimitri, depuis longtemps atteint de tuberculose. Au chevet du moribond, il trouva une fille grêlée, un fichu sur la tête. C'était sa compagne, une ancienne prostituée.

Dimitri n'était pas sans ressemblance avec Léon. Sa destinée lamentable, apparemment si singulière, reste une énigme offrant pourtant mainte analogie avec la vie du grand Tolstoï. C'en est comme la préfiguration, mais incohérente, absurde, pareille à une image réfléchie dans un miroir déformant.

On voit l'âme de Dimitri tourner dans le même cycle d'inquiétudes, de contradictions et d'hésitations bornées, ici, par le malheur. Une supériorité, toutefois, une seule, sur son frère de génie : une sincérité totale, qu'il maniait sans souci de ménagement d'aucune sorte.

Adolescent, Dimitri était pieux : un objet de risée pour ses frères, qui l'avaient surnommé Noé, le juste épargné du Seigneur. Mais cet « illuminé de frère » n'avait rien d'un dévot superficiel. Il ne cessait d'imiter Jésus lavant les pieds du pauvre. Il se plaisait à assister les malades, les infirmes, et visitait les prisonniers repentants.

À Kazan, chez la tante, vivait dans une petite chambre une pitoyable créature recueillie par charité. Un visage enflé, comme piqué par les abeilles ; des yeux pareils à deux trous de vrille, entre des paupières gonflées et sans cils ; des lèvres tuméfiées et jaunes ; de rares cheveux noirs sur un crâne luisant et presque nu ; elle était horrible à voir. En été, les mouches s'agglutinaient sur sa face. Elle dégageait une odeur infecte et, dans son réduit toujours clos, régnait une atmosphère suffocante. Dimitri se prit de pitié pour cette pauvre femme et devint son confident. Il passa des heures avec elle, écoutant son plaintif rabâchage, lui faisant la lecture.

Dans le même temps, il jeûnait, soumettait son corps à des mortifications continuelles. Fuyant le monde, volontairement négligé dans sa mise, il ne portait que l'uniforme d'étudiant, avec la mince cravate noire.

C'était alors un garçon de haute taille, assez maigre, pas très robuste, les bras longs, le dos voûté. Un tic était apparu chez lui : il secouait brusquement la tête comme s'il eût cherché à la dégager de son col. C'était l'époque où Léon formulait sa vision aristocratique de « l'homme comme il faut »...

Quand Dimitri eut obtenu sa licence en droit, il pensa que c'était une obligation pour lui d'offrir à l'État ses services. Il ne rencontra sans doute pas dans les bureaux la considération que méritait sa modestie, car la démarche n'eut pas de suites. Il abandonna alors pour toujours l'idée de devenir fonctionnaire et regagna brusquement ses terres. Dès lors, il prit la résolution de se dévouer à ses paysans. Encore une analogie avec son frère aîné...

Il avait vingt-six ans. Jusqu'à cet âge, il s'était toujours abstenu de tabac, d'alcool ; il n'avait jamais approché aucune femme. Ses amis étaient des moines, des pèlerins, sutout un vieil ermite, borgne et noir, le père Luc. Mais, un jour, une ancienne connaissance de sa famille, un viveur, entraîna l'austère garçon à Moscou...

À la suite d'une nuit de débauche, un changement radical s'opéra dans la vie de Dimitri. Il se mit à boire, à fumer, à gaspiller l'argent. Au milieu de ces déréglements, écrit Tolstoï, il demeurait un « homme religieux et sérieux ». Puis Dimitri racheta à quelque tenancier de maison close une prostituée, la première femme qu'il eût connue, et la prit chez lui. Cette cohabitation avec une fille publique provoqua le scandale. Léon en fut plus affecté que choqué, d'accord sur ce point avec toute la famille. En même temps, l'air lugubre de Dimitri, les accès de toux qui lui déchiraient la poitrine poussèrent Léon à le persuader de rentrer chez lui, de s'y mettre au vert. L'ancienne prostituée le rejoignit. Cependant, il ne l'installa pas sur ses terres. D'abord, le couple erra de ville en ville. Puis les malheureux se fixèrent à Orel. Hélas ! Il était déjà trop tard.

Quand Léon y arriva, il n'avait pas revu son frère depuis près de deux ans ; la maigreur de Dimitri était devenue effrayante. Dans le visage, plus que des yeux, ces mêmes yeux graves qui, maintenant, semblaient interroger. À son côté, dans la chambre sordide, sa compagne préparait des tisanes.

Dimitri ne voulait pas mourir sans baiser l'icône. « Sur son désir, on lui apporta devant moi, écrivit Tolstoï, l'icône miraculeuse. Je me rappelle l'expression de sa figure quand il pria sur cette icône. »

À cette époque, Tolstoï était, comme il dit lui-même, « odieux, perdu de vanité ». Aussi eut-il pitié de son frère, mais « pas beaucoup ». Vieillard, il reconnaîtra, toujours lucide et impitoyable envers son passé, que ce qui l'avait le plus gêné dans ce deuil, c'était que cela l'avait « empêché d'assister à un spectacle de la Cour auquel il était invité »...

Gentleman-farmer

Depuis son arrivée à Saint-Pétersbourg, Tolstoï était affecté – pour la forme – à l'École de pyrotechnie. Mais l'étude des poudres ne l'occupa guère. Après la signature de la paix de Paris, en mars 1856, ayant été promu lieutenant, il sollicita immédiatement un congé. Il rêvait d'aller passer quelque temps à l'étranger. Un congé de onze mois lui fut accordé ; cependant il ne quitta pas la Russie, cette année-là. C'est vers Moscou, d'abord, qu'il s'en revint.

Que pouvait donc le retenir encore là ? Une rencontre. Il y avait retrouvé une jeune fille, Alexandra, dont il avait été un peu amoureux autrefois, et qu'il avait perdue de vue depuis des années. Un soir, après l'avoir revue, il fut si troublé qu'il ne put se résoudre à regagner son lit. Il se fit alors conduire en voiture au mont des Moineaux, depuis lequel Napoléon avait contemplé la ville en septembre 1812 avant d'y faire son entrée. Il y avait un restaurant à cet endroit. Après y avoir bu du lait, Léon se baigna dans la Moskova et s'endormit sous les arbres, tandis que les moines d'un couvent voisin s'enivraient avec des filles dans les vergers, et dansaient la polka.

Alexandra, décidément, était la femme la plus charmante qu'il eût jamais connue, dotée du caractère le plus finement artistique ! Pourtant, elle était maintenant mariée à un prince, André Oboïenski, dont Léon avouera qu'il souffrait de reconnaître qu'il était un homme distingué.

Quelque temps plus tard, il eut un entretien de trois heures avec la jeune femme. Il pensa qu'elle se doutait de ses sentiments et n'y était pas indifférente. Mais elle annonça son départ pour Saint-Pétersbourg...

Léon, dépité, n'avait plus aucune raison de s'attarder à Moscou. Mais il voulait visiter les cathédrales du Kremlin. Il aimait encore s'y plonger en communion. Le faible scintillement des bougies, si visible dans la froide obscurité, jetait une lumière mystérieuse sur le vieil or des icônes et des dalles funéraires.

Avant de partir pour Iasnaïa Poliana, il dîna au Kremlin où habitait Lioubov Bers[1], son amie d'enfance, devenue l'épouse du médecin attaché à la chancellerie impériale. Les trois filles de la maison Élisabeth, Sophie et Tatiana, servaient la table. « Que ces fillettes sont charmantes et gaies ! » nota-t-il.

Qui pouvait imaginer que, six ans plus tard, l'une d'elles, la seconde, deviendrait sa femme ?

Enfin, le 28 mai, Tolstoï regagna Iasnaïa Poliana.

Le jour même de son arrivée, le comte réunit ses paysans. Car, de Saint-Pétersbourg, il apportait un « projet ». Il s'agissait, de l'affranchissement des serfs et du partage des terres.

En cette même année 1856, deux mois auparavant, lors de l'Assemblée des maréchaux de la noblesse à Moscou, le tsar Alexandre II avait déclaré ses intentions : « Il vaut mieux, avait-il dit, abolir le servage par en haut, plutôt que d'attendre le moment où il commencerait à s'abolir de lui-même par en bas. » Cinq longues années devront encore s'écouler avant la publication du fameux manifeste de 1861 stipulant la suppression du servage dans tout le pays.

Léon désapprouvait ces lenteurs. Son dessein était de brusquer les choses, de donner vite à ses paysans des terres et de

---

1. Ou Behrs.

la liberté, mais il n'en était pas encore à vouloir se dépouiller entièrement. Son propre intérêt ne devait pas pâtir de sa générosité. Il remania donc plusieurs fois ses plans, qu'il exposa aux moujiks sur la place du village, lors d'une série de conférences entre mai et juin.

Après la première réunion, il pensa que tout allait bien : « Les paysans sont enchantés de me comprendre, et voient en moi un homme hardi, en qui ils ont confiance. » Comme il se méprenait sur leur silence et leurs sourires ! À la seconde réunion, il s'aperçut que la discussion n'avait pas avancé d'un iota. Les paysans, pressés par lui de se décider, ne lui opposèrent aucun refus, mais ils échangèrent des regards, puis commencèrent à se retirer : c'était leur manière de rompre.

Bientôt, le comte apprit, par des rapports domestiques, que les moujiks le soupçonnaient de vouloir les « fourrer dedans ». Il chercha à les raisonner, autrement dit plaida sa cause. Pendant les deux semaines que durèrent les débats, la déception grandit en lui, à mesure que ses avances de « seigneur magnanime » se heurtaient à l'âme villageoise.

Une entente était-elle possible entre maîtres et esclaves, deux mondes si éloignés ? Apparemment non. Ce qui l'amena à penser : « Ils ne veulent pas de la liberté ! »

À la vérité, les moujiks se considéraient déjà comme les propriétaires de ces terres que le maître prétendait leur remettre contre un loyer. Le bruit ne courait-il pas qu'en août prochain, « le petit père le tsar », lors de son couronnement, à Moscou, affranchirait tous les serfs et leur donnerait de surcroît la terre sans contrepartie ? Nul doute que le comte Léon, sentant la menace, n'ait voulu prendre les devants, en liant les moujiks par un écrit.

Son « projet » échoua donc. Et à l'automne, on n'en parla plus. L'année suivante, Léon procédera par lettres nominatives à quelques affranchissements particuliers parmi ses serfs domestiques. Mais le règlement général, pour les autres, traînera.

Pour oublier ces soucis, il se rendait souvent chez Tourgueniev. Dès le surlendemain de son arrivée à Iasnaïa, Léon avait écrit à son ami pour lui annoncer sa visite. Spasskoïe-Loutovinovo, le domaine de Tourgueniev dans le gouvernement d'Orel, était voisin de Pokrovskoïe, propriété de Valérien Petrovitch Tolstoï, beau-frère de Léon. Deux jours plus tard, à cinq heures du matin, il fit seller son cheval et s'élança au galop. Quand il arriva à sept heures chez Tourgueniev, « son cher ami » était absent. En attendant son retour, Léon s'imprégna de l'atmosphère de la maison : « J'ai été à même de voir d'où cet homme est sorti, ce qui m'a fait comprendre bien des choses et m'a réconcilié avec lui. »

Enfin, Tourgueniev revint. On se mit à table. Le délicieux déjeuner, les conversations, la sieste, tout seyait à Léon. Sa sœur Macha les rejoignit pour une balade en radeau, et ils jouèrent un peu de musique. Léon sentait une amitié amoureuse entre sa sœur et son ami, et cela ne lui plaisait pas…

Les fiançailles manquées

En rentrant, Léon s'arrêta chez des voisines. Trois sœurs orphelines élevées sous l'égide d'une vieille tante et d'une demoiselle de compagnie, une Française. Toutes trois en âge de se marier. Les sœurs Arseniev : Valérie, Olga et Eugénie.

Les jeunes filles s'étaient parées avec un soin particulier pour rencontrer le comte Tolstoï, « ce dandy déchaîné », espérant recueillir des potins de la capitale ou quelque précision sur les boutiques à la mode. Elles furent surprises d'entendre ce pseudo-citadin tenter de les convaincre des mérites de la campagne, comparée à l'enfer de la ville.

Durant l'été, il se rendit souvent chez ces voisines.

Il ne faisait sombre que vers minuit, la pénombre du couchant berçant la tranquillité du parc immobile. Les nuits de pleine lune, l'astre répandait un enchantement ouaté sur toute chose. La paix qui régnait partout, la pureté du ciel et de l'air donnaient l'impression qu'il n'y aurait jamais de pluie.

Dans ce cadre idyllique, Tolstoï trouvait évidemment ces trois jeunes filles « charmantes ». Si Valérie, l'aînée, attirait son attention, il n'en nota pas moins dans son journal : « Une vraie nouille. » Pourtant, moins de trois semaines après avoir décoché ce trait, il envisageait de l'épouser…

Ravie de cette perpective, la tante Toinette multiplia les occasions de rencontre : invitations, musique à quatre mains, promenades, pique-niques aux campements des faneurs : c'était la saison des foins... Mais tandis que l'entourage de Tolstoï le poussait à ce mariage, ses ardeurs semblaient diminuer.

À vrai dire, ses sentiments étaient à la merci d'un changement de coiffure ou de toilette. Valérie, en réalité, ne lui plaisait pas vraiment. Léon la jugeait peu séduisante, surtout quand elle portait des robes sans manches : « ses bras ne sont point beaux », même si « en blanc, elle est assez gentille ». À cet égard, le blanc exerçait une influence singulière sur Tolstoï, selon son propre aveu, « comme un symbole de pureté contrastant avec sa vie antérieure », telle une promesse de rédemption...

Pourquoi donc songea-t-il sérieusement à l'épouser? Fut-il alors ébloui par son intelligence? Non, Valérie, comme il le constata très vite, était ignorante, « pour ne pas dire bête ». Un jour qu'il lui rendit visite, il trouva la jeune fille en train d'écrire; dans une pièce sombre, vêtue d'un « dégoûtant peignoir coquet ». Un peignoir, et coquet encore! Une pièce sombre... Quel manque de goût!

Que recherchait-il donc dans le physique d'une fiancée? Le contraire des images lascives, liées à trop de souvenirs. Toutefois, il n'eût pas été déplaisant que la candidate au mariage joignît au charme virginal un attrait sensuel, pourvu que cette séduction, bien entendu, fût inconsciente.

Or, de la compagnie de Valérie n'émanait à ses yeux aucun fluide particulier. Une seule chose eût pu, à l'improviste, le faire trébucher contre sa jupe de mousseline : la perspective de la continence à la campagne. La langueur des longues soirées d'été le faisait cruellement souffrir...

Ses sens ne semblaient lui laisser aucun répit. « Horrible lascivité qui devient un vrai malaise physique » (6 juin), « Rêve dégoûtant ». Ces derniers mots reviennent plusieurs fois dans son journal intime. Cet état l'aveuglait à un tel point que les bras nus de Valérie, qu'il trouvait fort laids deux jours auparavant, désormais l'attiraient. Au mois d'août, il se demandait : « Je voudrais savoir si je suis ou non amoureux. »

Néanmoins, il continuait à flirter avec Valérie.

Derrière son masque rougissant de timidité, le génie litté-raire, toujours pataud dans le monde, gêné avec les femmes, se comportait en manipulateur. Avec sa manie de morigéner, d'endoctriner, il prenait Valérie comme sujet d'expérience, la traitant en fiancée hypothétique, et dressant pour elle, sous forme d'une lettre, écrite par un Khrapovitski à une certaine Bembistskaïa, un tableau de la vie conjugale telle qu'il la concevait. L'amour du bal et de la toilette y était raillé lour-dement, et les joies promises étaient assez sévères : sept mois sur douze à la campagne ! Par ailleurs, il se plaisait à lancer des pointes à cette « fiancée », ce qui fit jaillir les larmes de Valérie au bord de ses cils battants.

Léon savait pertinemment qu'il ne respectait pas exac-tement le protocole mondain. La situation donnait à jaser. Mais déjà le Tout-Moscou parlait des fiançailles du jeune comte Tolstoï. S'il continuait à voir fréquemment Valérie, cela finirait fatalement par un mariage.

Pourquoi fatalement ? Parce que Léon était faible, comme il l'avouait lui-même. D'ailleurs il songeait réellement à se marier. C'était un vœu ancien formé au Caucase, en Crimée. Il en parlait dans ses lettres, y faisant un tableau enchanteur de la vie de famille telle qu'il imaginait la mener un jour dans sa demeure. Déjà, à Saint-Pétersbourg, il avait écrit : « Rentrer au village, me marier au plus tôt. » En outre, dans ce changement de vie, Léon entrevoyait une issue possible, une façon de tout remettre en ordre. Il était donc une proie facile pour cette « sotte en robe blanche » qui trouvait que son soupirant tardait à demander sa main.

En septembre, Valérie partit pour Moscou où elle s'amou-racha d'un Français, un nommé Mortier, son professeur de piano ! Pendant ce temps, Léon tomba malade à Iasnaïa. Une congestion pulmonaire, semble-t-il.

On lui appliqua des sangsues, jusqu'à dix dans la même journée ! La maladie, qui avait commencé le 6 septembre par un point de côté – mais ce jour-là, il commit l'imprudence d'aller quand même à la chasse – dura près de trois semaines. Le temps de s'inquiéter, car il savait à quelle affection avait succombé son frère Dimitri et se crut lui-même tuberculeux. Peut-être le fut-il. Fort heureusement, sa constitution robuste réagit à cette alerte.

L'incartade de Valérie, loin d'avoir éloigné définitivement Léon, attisa au contraire sa convoitise. Mais cette fois, le manipulateur fut manipulé. En lui rendant la monnaie de sa pièce, « cette sotte fille » qu'il méprisait avait calculé que son jeu, pour dangereux qu'il fût, retournerait la situation en sa faveur. Et Tolstoï tomba dans le panneau.

Valérie acquit, effectivement, à ses yeux, une réalité qu'elle n'avait pas auparavant. Vexé dans son amour-propre, il voulut, comme aux cartes, reprendre le jeu. La jeune femme se transforma même en gouverneur de ses amours, tantôt tirant la bride à l'excès, tantôt laissant filer la longe comme si elle avait affaire à un cheval fougueux.

Le marivaudage à la russe continua. Le 30 septembre, donnant enfin suite à l'intention qu'il avait eue déjà en Crimée, celle de renoncer à la carrière militaire pour se consacrer entièrement aux lettres, il envoya sa démission d'officier.

Mais cette situation ambiguë commençait à lui peser. N'osant se retirer franchement, il proposa à Valérie de soumettre leurs sentiments réciproques à une épreuve : deux mois de séparation, après quoi les deux jeunes gens sauraient s'ils s'aimaient suffisamment pour lier leurs destinées...

Et Valérie accepta. Que pouvait-elle faire d'autre ?

Mécontente, la tante Toinette maudit cette nouvelle lubie et blâma les tergiversations de son neveu. Des disputes et des bouderies s'ensuivirent. Mais à la fin du mois d'octobre, Léon reconnaissait enfin qu'il n'était aucunement amoureux.

En novembre, il apprit de l'état-major que sa démission était acceptée. Aussi se rendit-il immédiatement à Moscou chez le tailleur commander des vêtements civils. Le geste prend un caractère de symbole : dans l'imagerie russe, un changement d'habit signifie un nouveau départ.

Aux bords de la Moskova, il retrouva sa sœur qui lui signifia sa désapprobation eu égard à sa conduite. Sur un coup de tête, Léon partit alors pour Saint-Pétersbourg où il renoua ses relations de l'hiver passé. Mais les « dessous littéraires » le dégoûtaient de plus en plus. Les dîners au Club des joueurs d'échecs, les séances de gymnastique, tout cela était maintenant une routine et l'ennuyait. Enfin, la correspondance avec Valérie languissait et se refroidissait peu à peu. La niaiserie, l'indigence intellectuelle et sentimentale de la demoiselle éclataient dans ses lettres…

Le 1er janvier 1857, Léon était de retour à Moscou, ayant quitté l'uniforme définitivement. Il prit alors la décision définitive de rompre par écrit ses pseudo-fiançailles et de partir pour l'étranger. Il avouera plus tard à une Toinette outrée : « Je me suis laissé entraîner au méchant plaisir d'inspirer l'amour, ce qui me procurait une jouissance que je n'avais jamais éprouvée. »

Non, même soutenue par Toinette, Valérie n'était pas de taille à passer la muselière à ce grand ours aux yeux gris.

Cette rupture par lettre : « une sorte de lâcheté ». Ce voyage : « une fuite ». Il partira sans aller à Iasnaïa embrasser sa chère tante. Ses terres étant trop proches du domaine de Valérie, il redoutait une rencontre, « une scène de larmes, etc. ».

Le 29 janvier, il prenait la malle-poste et roulait sur le chemin de Varsovie.

Paris

À partir de Varsovie, Léon prit le chemin de fer et arriva à Paris, via Berlin, le 10 février. Ce voyage, presque sans arrêts, avait duré onze jours.

Il descendit d'abord à l'Hôtel Meurice, rue de Rivoli, mais, dès le lendemain, il loua un appartement meublé dans une pension de la même rue. Comme tous les Russes, il trouva qu'il faisait « froid dans les pièces ». Pas de doubles fenêtres. Pas de calorifère non plus à l'époque. Le soleil du printemps attira le pensionnaire vers les Tuileries : fuyant la maison glacée, il se réchauffait sur les bancs du jardin.

Après quelques semaines de séjour dans la capitale française, dans la fraîcheur des impressions premières, Tolstoï était épaté. Le 5 avril, il écrivait à son ami Botkine : « Il y a bientôt deux mois que j'habite Paris, et je ne prévois pas encore le moment où cette ville aura fini de m'intéresser, où l'existence que j'y mène aura perdu son charme. Je suis d'une ignorance crasse : nulle part, je ne m'en suis aperçu aussi fortement qu'ici. Rien que pour cela, j'aurais déjà lieu de me féliciter d'être venu, d'autant plus que cette ignorance (encore un sentiment que me donne cette ville) n'est pas irrémédiable. »

Le grand défaut qu'il reprochait au caractère national français, c'était la légèreté, dans toutes les acceptions du terme : « vanité, manque de sérieux, esprit superficiel, qui se plaît au brillant et répugne au profond ». Néanmoins, à travers cette

« légèreté » il perçut cette liberté sociale, dont, disait-il, les Russes « n'avaient idée »...

Ces derniers mots ont de quoi surprendre, car le Paris dont parlait cet hôte enthousiaste était celui du Second Empire. Mais, pour un Russe grandi sous le règne de Nicolas Iᵉʳ, l'atmosphère parisienne, sous Napoléon III, devait, en comparaison, sembler plus détendue. Il n'empêchait que cette « liberté sociale » – une certaine liberté de ton, pimpant, vert, l'esprit claquant de Figaro, la cynique franchise du neveu de Rameau – attirait l'écrivain. Et l'animation plaisante de la rue divertissait ce badaud moscovite qui prenait volontiers l'omnibus et aimait se mêler aux flâneurs, au petit peuple parisien. Car, dans la société française, Léon ne connaissait presque personne. Dans les milieux littéraires, il n'avait aucune relation. Cette année 1857 était celle des *Fleurs du Mal* et de *Madame Bovary*. Mais Tolstoï ignorait jusqu'à l'existence de Baudelaire et de Flaubert, comme eux-mêmes ignoraient la sienne. Les deux Français et le Russe, sans le savoir, rue de Rivoli, se croisèrent peut-être sous les arcades...

En réalité, Léon baigna dans Paris à la manière des étrangers de passage. Il voyait surtout ses compatriotes, dont son « cher » Tourgueniev qui, dès le premier soir, l'emmena au bal de l'Opéra. Les deux écrivains, voisins rue de Rivoli, passaient chaque jour des heures à bavarder. Tourgueniev louait un appartement où il habitait avec sa fille, Paulinette, et la gouvernante de celle-ci. Car il ne logeait plus chez les Viardot. Il y avait des drames dans sa vie amoureuse.

L'homme que Tolstoï avait retrouvé en France était triste, abattu, malade, faible « à un degré incroyable ». Ils visitèrent néanmoins Versailles et Fontainebleau ensemble. Tourgueniev constata alors que son ami était devenu « charmant et plus franc » et assura se réjouir de ces changements « comme une vieille nounou ». Les deux compagnons poussèrent jusqu'à Dijon, où ils passèrent trois jours à visiter les églises et le musée. Mais le quatrième, ils se querellèrent dans la rue, et Tolstoï rentra seul à Paris.

La société russe était toujours nombreuse à Paris et Léon fut rapidement reçu chez tous les aristocrates. En dehors de ce milieu, l'existence qu'il menait dans la capitale était conforme au programme ordinaire d'un voyageur riche, curieux et cultivé. Visites au Louvre, à la Bibliothèque Nationale, où il ne trouva pas de place (à cette époque, déjà!), au cimetière du Père-Lachaise, au musée de Cluny, à la Sainte Chapelle, à la Bourse (« une horreur! »), aux Invalides. Là, il n'éprouva plus seulement du dégoût, mais de l'indignation : « Cette apothéose d'un malfaiteur est horrible! » La vue des vieux Invalides le mettait en rage, « Après tout, écrivait-il, ce ne sont que d'anciens soldats, des bêtes qu'on avait dressées à mordre. On devrait les laisser crever de faim. Ils ont perdu leurs jambes, c'est bien fait! »

N'y avait-il donc pas d'invalides militaires en Russie? Moins de deux ans après Sébastopol, son amour de la paix était encore bien féroce! Pourquoi cette explosion de fureur, précisément en France? Serait-ce que Napoléon représentait aux yeux de Tolstoï, du moins ce jour-là, quelque chose de pire encore qu'un grand homme de guerre : l'envahisseur?

Bien que Léon sût parfaitement la langue de Molière, et qu'il eût de la littérature française une connaissance que bon nombre de Français cultivés eussent pu lui envier, il se sentait ignorant. Tous les matins, au réveil, deux professeurs successivement venaient lui donner des leçons à domicile : une heure d'italien (il projetait d'aller en Italie), une heure d'anglais (il pensait aller en Angleterre). L'après-midi, souvent, il allait entendre des cours à la Sorbonne, au Collège de France. Il assista à une séance de la Cour d'Assises, à une réception académique, se rendit à la salle des Ventes, alla aux courses. Le soir, bal ou spectacle : Opéra, Comédie-Française, Variétés, Bouffes-Parisiens, Folies-Dramatiques, Folies-Nouvelles, représentations italiennes de la Ristori, concerts Viardot, cafés-chantants, cirques.

Enfin, il y avait les cabarets, les nuits de « champagne solitaire », et les retours à pied, à trois heures du matin, « plein de mauvaises pensées ». Entendons : plein de désirs. Toujours ce combat contre la nature, si puissante chez lui : « Le libertinage est une chose terrible. » Les accrocheuses le troublaient, les « Parisiennes délurées » le choquaient et l'attiraient en même temps. Tantôt il suivait une passante, puis abandonnait la piste, « restant ferme », comme il disait. Tantôt il succombait et notait : « Levé une femme. » Ou bien : « Accompagné la jeune fille jusque chez elle. » Ces simples mots prendront, par leur retour fréquent, une signification particulière !

Vers la fin de mars, arriva Serge, son frère. Celui-ci ne resta guère plus d'une semaine. Les deux frères se virent peu (« Nous sommes si différents par la culture que nous ne pouvons habiter ensemble »). Ils montèrent à cheval un matin, au Bois.

Peu de temps après le départ de Serge se produisit un événement que les biographes ont souvent mis en exergue. Le 6 avril, à l'aube, Léon assista à l'exécution capitale d'un certain François Richeux, condamné à mort pour des crimes sordides. Il nota dans son journal : « Poitrine et cou gros, blancs, sains ; il a baisé l'Évangile ; ensuite, la mort. Quelle absurdité ! Impression forte et pas inutile. » Il écrira plus tard dans *Confessions* : « Quand je vis la tête se détacher du tronc, et, séparément, tomber dans le panier, je compris, non par la raison, mais par tout mon être, qu'aucune théorie sur la valeur rationnelle de l'ordre existant et du progrès ne pouvait justifier un tel acte. »

Si l'on en croit les disciples de Tolstoï, il semblerait que celui-ci ne fût venu à Paris que pour éprouver ce sentiment d'horreur absolue. Or, c'est tout bonnement en curieux que Léon se trouvait place de la Roquette ce matin-là. Certes, le lendemain, 7 avril, il prit brusquement la décision de quitter Paris, alors que, l'avant-veille encore, il avait l'intention d'y prolonger son séjour. D'où la conclusion hâtive qu'une grande révolution s'était opérée dans l'esprit de Tolstoï, lequel aurait voulu fuir Paris pour vivre un jour de plus dans cette ville infâme où il y avait encore des exécutions capitales. La vérité est beaucoup plus simple. D'abord, la versatilité d'esprit de Léon nous est connue. Combien de fois ne l'avons-nous pas vu changer d'avis ou de projets subitement ! Ensuite, le ton tranquille sur lequel il nota dans son journal sa résolution de partir ne laisse guère soupçonner qu'il eût pu y avoir un lien quelconque entre cette décision et son émoi de la veille. Mais il y a plus : Léon avait eu déjà l'intention de quitter Paris une semaine auparavant, donc plusieurs jours avant d'assister à l'exécution capitale. À cela, une raison toute simple : l'argent filait vite à Paris. À la dépense venaient s'ajouter les pertes au jeu, car les joueurs ne manquaient pas.

Maintenant, il est certain que dans ses *Confessions* – écrites en 1879, donc vingt-deux ans plus tard –, il prêta au souvenir de cette exécution un sombre prestige sacré, et comme une valeur d'illumination. Tolstoï remporta de Paris cette image horrible, cette émotion, au milieu d'une foule d'autres impressions. Puis sa mémoire élimina les images futiles, ne retenant que ce qu'il avait vu ce matin-là à Paris, et le choc qu'il en avait ressenti.

En outre, le 2 avril, Léon avait pris froid. Le 7, encore souffrant, il décida de faire ses bagages, prétextant que l'air de la Suisse lui conviendrait mieux.

Le séjour en Suisse

Le 8 avril 1857, il fit à Tourgueniev des adieux touchants :
« En le quittant, je pleurais, je ne sais trop sur quoi. Je l'aime
beaucoup. Il a fait de moi et continue à faire de moi un autre
homme. » Et il se rendit à la gare de Lyon.

Après un voyage en train jusqu'à Dôle, il se sentit rassé-
réné en voyant la pleine lune dans un ciel immense et pur et
nota dans son journal : « Je suis inondé d'amour et de joie.
Pour la première fois depuis bien, bien longtemps, j'ai à
nouveau sincèrement remercié Dieu de m'avoir permis de
vivre. » Le voyageur prit ensuite une diligence jusqu'à
Genève, où il arriva le lendemain.

Il resta en Suisse trois mois et demi, de la fin avril à la mi-
juillet, séjour entrecoupé de quelques promenades en Savoie
et d'un court voyage au Piémont vers la mi-juin. Après une
dizaine de jours passés à Genève, il s'installa pour quelque
temps à Clarens, dans ce même village où demeurait « la Julia
de Rousseau ». Ces mots correspondaient chez lui à un sentiment profond, un peu celui d'un pèlerin en des lieux sacrés.
À quinze ans déjà, ne portait-il pas l'image de Jean-Jacques
pendue à son cou, sous sa chemise, comme un scapulaire ?
Dès cet âge, d'instinct, il avait reconnu son patron.

La Suisse, d'abord, l'enthousiasma, en attendant le jour où
il lui reprocherait de « trop plier la nature aux commodités
des touristes ». De Clarens, il partait souvent pour des

promenades en bateau ou en voiture, ou encore à pied, pour de longues excursions, sac au dos. Durant des semaines, il ne cessa d'explorer le pays. Il retrouvait là, parmi les souffles du printemps, quand tout était en feuilles et en fleurs, l'exaltation religieuse qui l'avait ravi, au Caucase.

La nature l'enivrait. Il aimait se fondre en elle. Il avait l'impression que « le Beau entrait en lui », comme si le charme puissant du lac et des montagnes pénétrait physiquement en lui. Mais ces bonheurs aigus s'accompagnaient d'inquiétudes. Si le spectacle des nuits constellées le transportait, ses élans d'adoration se changeaient vite en un flot de graves interrogations. Le ravissement mystique se transformait alors en trouble moral, en tourment de conscience. À Sébastopol, quand les bombardements s'apaisaient, il écrivait: « Je viens de contempler le ciel. Quelle belle nuit! Seigneur, pardonnez-moi. Je suis mauvais. Aidez-moi à devenir bon… » Et il ajoutait: « Et heureux! »

À Lucerne, il note: « Une nuit merveilleuse. Qu'est-ce donc que je désire? Qu'est-ce que je désire aussi ardemment? Je l'ignore. Ce ne sont toujours point les biens d'ici-bas. Comment ne pas croire à l'immortalité de l'âme, quand on sent dans la sienne propre cette grandeur incommensurable? Jeté un regard par la fenêtre. Il fait noir. Des trous, de la clarté. C'est à mourir. »

Ainsi Tolstoï trouvait-il le sublime dans l'immensité de son tourment. Et ce tourment, il le portait partout avec lui. À Paris, même, rue de Rivoli, dans sa pension bruyante et gaie, toute retentissante de coups de sonnette le matin, où logeaient trente-six ménages, dont dix-neuf irréguliers, une nuit qu'il ne pouvait dormir, il fut torturé par « un doute subit de toutes choses ».

« Pourquoi? Et que suis-je? Plus d'une fois, j'ai cru résoudre ces questions; mais non, je ne les ai pas ancrées dans le vécu. »

Retenons les derniers mots. Ils reflètent au plus juste ses préoccupations religieuses et morales. À cette époque, Tolstoï venait d'avoir trente ans. Il ne savait pas encore, bien qu'ayant connu des succès littéraires, ni ce qu'il était vraiment, ni à quoi il devait consacrer sa vie.

L'affectueux et lucide Tourgueniev ne s'y trompait pas : « Suivez votre propre route », écrivait-il à son ami.

L'énigme d'Alexandrine

En Suisse, Léon retrouva ou rencontra, comme à Paris, des Russes : surtout deux parentes à lui, deux tantes au second degré, les comtesses Élisabeth et Alexandrine Tolstoï. Elles étaient filles d'un frère de son aïeul, le comte Ilia Tolstoï, gouverneur de Kazan. Les deux sœurs étant, depuis 1846, demoiselles d'honneur de la grande-duchesse Maria, fille du tsar Nicolas Ier, elles logeaient à la Cour. À Pétersbourg, leur résidence habituelle, Léon avait été reçu plusieurs fois chez elles.

Élisabeth, l'aînée, avait dépassé l'âge canonique, mais Alexandrine, elle, n'avait que trente-neuf ans. Léon, estimant que les deux comtesses étaient encore trop jeunes pour qu'il les appelât ses « tantes », imagina de les surnommer ses « grand-mères », pensant effacer la différence d'âge par l'exagération et l'ironie.

« Je ne sais si les demoiselles en furent enchantées, mais cela fut admis », écrivit-il en toute simplicité.

Pourtant, il éprouvait en compagnie d'Alexandrine une gaucherie de jeune homme. La comtesse avait de beaux yeux, un beau sourire, d'exquises manières, la politesse raffinée des gens de Cour jointe à beaucoup d'esprit ainsi qu'une sorte de vivacité naturelle. Entre elle et son neveu s'établit un vrai commerce d'amitié amoureuse, qu'il n'eût tenu qu'à Léon de pousser plus loin. Il semble que même l'idée de mariage l'eût repris, mais il recula vite, effrayé :

« C'est terrible, comme je m'éprends facilement ! Ah ! si Alexandra avait dix-sept ans de moins ! »

Elle avait en effet onze ans de plus que lui.

Ce jeu courtois et sentimental avec une personne distinguée, fait de délicates nuances de tendresse, où les retraites précipitées succédaient aux avances imprudentes et les perplexités aux emballements, n'empêchait point Léon d'être sensible à des attraits plus simples. Les servantes et les filles logeuses tinrent une grande place dans ses carnets de route. Celle-ci avait de beaux yeux bleus, celle-là était dodue et gaie. L'une l'inquiétait, l'autre le rendait « confus ». Mais toutes lui semblaient jolies !

Une nuit, à l'auberge, ne pouvant dormir, il sortit se promener dans la galerie, d'où il contempla les glaciers étincelants sous la lune et les montagnes toutes noires. Au premier étage, dans l'obscurité, il se heurta à une servante, la lutina. Elle se laissa faire. Une autre, au rez-de-chaussée, ayant passé plusieurs fois devant sa fenêtre, il crut à une invite, la rejoignit et passa à l'attaque. Mais la bougresse se défendit et poussa des cris, réveillant toute la maisonnée. Des gens accoururent et entourèrent le satyre avec hostilité. Parvenant à s'échapper, Léon s'enferma dans sa chambre, tandis que des éclats de voix emplissaient la cour...

Enfin, dans les hôtels, les pensions de famille, on rencontrait beaucoup d'Anglaises. Il en était de délicieuses. Toutes n'étaient pas inabordables. Ainsi, une certaine Dora... Il écrit : « Chut ! tout va bien ! »

Le joueur

Un autre scandale marqua son séjour à Lucerne. Un soir, il rencontra dans la rue un petit bonhomme qui chantait des airs tyroliens en s'accompagnant de la guitare. Il l'entraîna devant l'hôtel le plus huppé de la ville, le Schweizehof, où il était descendu.

Les voyageurs se pressèrent alors aux fenêtres et sur la terrasse pour écouter le chanteur. Un attroupement se forma, mais pour assaillir le chanteur de quolibets. La chanson finie, l'assistance se retira sans lui jeter la moindre pièce de monnaie. Tolstoï, indigné, rattrapa le malheureux et l'invita à venir trinquer avec lui, à l'hôtel même.

Drôle de fantaisie ! « Ces Russes sont décidément bizarres », songeait-on. Enfin, celui-ci étant un grand seigneur, le portier laissa faire, mais il introduisit discrètement les deux amis dans une petite salle écartée, sous l'œil goguenard des garçons. Léon, n'y tenant plus, insulta les laquais moqueurs. Les clients de l'hôtel s'étonnèrent de tout ce bruit. Des Anglais demandèrent qui était cet énergumène. « Le comte Tolstoï », leur répondit-on. Ce nom ne leur disait rien. Et le furieux de s'en prendre maintenant aux riches, leur crachant son mépris à la face. Or, lui-même était riche ! Et tout cela pour un musicien ambulant ! Les gens n'y comprenaient goutte. Le lendemain, Léon quittait l'hôtel et s'installait dans une modeste pension. Son esclandre de la veille avait suscité autour de lui une vive curiosité dont il ne manqua pas de jouir, content de s'être fait remarquer. Mais la morgue des touristes britanniques et sans doute surtout les notes salées des aubergistes l'irritèrent de plus en plus.

Aussi se prépara-t-il à quitter la Suisse. Il se proposait de visiter les bords du Rhin, la Hollande et l'Angleterre, de repasser ensuite par Paris et de se rendre à Naples au mois d'août. Son projet était de revenir en Russie par la Méditerranée, Constantinople et Odessa. Mais un Français, un certain Pégot-Ogier rencontré en chemin de fer et qui se disait banquier, l'entraîna à Baden.

Dès le lendemain : « roulette du matin au soir » et, quoique l'avant-veille, en chemin de fer, il eût vu la lune à droite, ce qui était bon signe, il perdit. Le surlendemain : « Roulette jusqu'à six heures. Tout perdu ! »

Le Français, qui ne l'avait pas quitté d'une semelle, l'accompagnait dans sa chambre, l'accablant jusqu'à trois heures du matin de ses bavardages sur la politique, la poésie, l'amour. « Quelle horreur ! J'aimerais mieux être puant, goitreux, sans nez, être le plus grand crétin ou le monstre le plus abject, qu'un avorton de cette espèce. » Cependant, il lui emprunta une somme rondelette et... la perdit derechef. Dans la salle de jeu, il rencontra un de ses amis de Pétersbourg, le poète Polonski, à qui il emprunta une autre somme qu'il perdit encore. Qu'à cela ne tienne. Il envoya une missive à un autre ami qui se trouvait à Lucerne pour lui demander de l'argent. L'argent lui parvint, mais le soir : « Tout perdu, cochon ! »

Pendant quarante-huit heures, il ne put jouer, car il n'avait plus un thaler : « Entourage de salauds. Et le plus grand salaud, c'est encore moi-même. »

Le 31 juillet, Tourgueniev arriva à Baden, à la suite des Viardot. Dès le lendemain, Tolstoï lui empruntait de l'argent.

On trouve le récit de cette aventure – un peu arrangé, si on le compare aux notes du journal – dans les impressions de Lucerne parues à la revue *Le Contemporain*, sous le titre *Extrait du journal du prince Nekhludov*.

Le 1er août, il apprit par une lettre que sa sœur s'était définitivement séparée de son mari. « Cette nouvelle, dit-il, me coupa la respiration. » On prétendit qu'elle le détermina à rentrer immédiatement en Russie. Au vrai, il était à sec et ne pouvait plus donner suite à ses projets. Il prit donc le train pour Francfort où il s'arrêta, car Alexandrine s'y trouvait : « L'unique ! Une merveille ! Un enchantement ! Jamais rencontré pareille femme ! » Certes ! Mais il ne se gêna pas pour la « taper » elle aussi. Il faut reconnaître à son avantage qu'il remboursait scrupuleusement ses dettes.

Il atteignit Saint-Pétersbourg par la mer, à tel point démuni qu'il lui fallut emprunter de l'argent le jour même de son arrivée.

Les aléas du destin

La destinée de Tolstoï s'inscrira successivement dans deux dimensions : celle du génie littéraire et celle du prophète. Or, nous ne sommes pas encore parvenus à la première étape de sa gloire.

Malgré sa forte complexion, il était de santé fragile et sujet à une foule de maux : fièvres, migraines, rhumatismes, clou à l'œil, exanthème par tout le corps, vomissements. Il avait certes supprimé la consommation de vin, de thé et de café, mais il abusait des bains dans le lac et surtout de la marche, dont il avait rapporté des varices aux jambes.

Jusqu'à un âge avancé, il fut hanté par l'idée qu'il était tuberculeux, au point d'en rêver la nuit. Une certaine obsession familière, qu'il appelait « le cauchemar de la tuberculose », troublait fréquemment son sommeil. Cependant, il semblait pressentir obscurément qu'il vivrait longtemps. Sous ses inquiétudes perpétuelles et son agitation permanente s'étendait une zone de calme, où la part essentielle de son être se développait à un rythme très lent. Tout se passait comme s'il avait deux respirations : l'une haletante, l'autre infiniment paisible. Un souffle de prophète…

Après le premier voyage de Tolstoï à l'étranger s'ouvrit une période de cinq années où le cours de ce grand destin hésita. Les trois premières années, Léon les passa en Russie :

étés à la campagne, hivers à Moscou agrémentés de quelques brefs voyages à Saint-Pétersbourg.

Ses premières impressions de Russie, à son retour, au mois d'août 1857, éclairent, par contraste, le sentiment de liberté qu'il avait éprouvé au mois de février précédent, lors de son arrivée à Paris.

À l'automne, son frère Nicolas, sa sœur Macha et lui louèrent à Moscou un appartement meublé qu'ils habitèrent en commun durant trois hivers. L'idéal familial était le sien, cet idéal idyllique si magnifiquement dépeint dans *Guerre et Paix* et *Anna Karénine* qui le détournait de l'horreur de la solitude et de ses « pensées très érotiques », cette torturante et « horrible lascivité », ce « malaise physique » sans cesse évoqué dans son journal.

Plusieurs dames ou demoiselles semblent alors avoir joué aux quatre coins dans le cœur de l'instable Léon. Mais c'était une partie où le fond de l'âme n'était nullement engagé. Il y eut d'abord la sœur de Diakov, l'amie d'enfance, la charmante Alexandra Obolenskaïa, qui dansait le quadrille des lanciers avec tant de grâce, en inclinant sa petite tête ; puis la princesse Lvova, pour laquelle, à Paris, Tolstoï avait eu un sentiment léger, et qu'il avait retrouvée à Dresde. On prétend même qu'il la demanda en mariage et fut éconduit. Ce qui est certain, c'est qu'il y songea. Il y eut encore la princesse Chtcherbatova, qu'il avait rencontrée également à Paris : « Depuis longtemps je n'ai rien vu d'aussi frais. » Et l'histoire la plus importante, à Lucerne, avec une certaine Tutcheva. « Elle est froide, mesquine, aristocrate. Sottises ! » Pourtant, quelques mois plus tard, il se disait « presque décidé à l'épouser sans amour ». Mais ce « presque », chez lui, marquait une infinie distance entre l'intention et l'action !

Ce qu'il faut retenir de ces velléités, c'est surtout son désir persistant de se marier. L'existence, pour un célibataire, lui semblait absurde, écrasante d'ennui. Un jour qu'il s'en revenait de Moscou, en approchant de ses terres, il ressentit vivement la triste appréhension de la solitude qui l'attendait au foyer. En arrivant, il rêva tout éveillé qu'il était veuf, qu'il avait perdu toute sa famille...

« Réellement, dit-il, cette famille habitait dans mon imagination, et quelle admirable famille c'était !... La femme était admirable, elle aussi, bien qu'étrange. »

Les Tziganes, les parties de cartes avec des voisins, les papotages de sa chère tante ne suffisaient point à enchanter ses soirées. Que de nuits d'été passées sur son balcon de bois, à rêver, à attendre, quand la brume blanche tombait en rosée ; quand la lune, à son dernier quartier, penchait, renversée dans le ciel noir ; quand une chouette silencieuse traversait un espace nu.

Vers quoi le menaient ces heures lentes ? Quel avenir se préparait pour son cœur, dans cette grande maison vide ?

Sa disposition d'esprit reflétait un sentiment d'inachevé, ou de force inemployée. Les satisfactions d'orgueil que lui avaient values ses premiers succès littéraires s'étaient retirées de lui après l'avoir comblé. Il constatait que la popularité exceptionnelle acquise par ses correspondances de Sébastopol avait eu pour principale cause l'actualité des événements décrits. Mais les publications qui avaient suivi avaient été peu remarquées. Il se rendit compte de ce changement dans un voyage qu'il fit à Saint-Pétersbourg, à l'automne de 1857, et en conçut quelque amertume.

Lucide, il soupçonnait qu'il avait lui-même une part de responsabilité dans cette situation, se reprochant de travailler trop mollement. Un ralentissement se remarque, en effet, dans le rythme de sa production. Quoi qu'il prétendît, la douce drogue du succès lui était sans doute indispensable.

Riche de ses seules réserves de passion inoccupée et de son besoin de faire partager ses doutes et ses enthousiasmes, il se tourna vers Alexandrine, s'épanchant par lettres dans cette âme fine, ou plutôt la submergeant de son trop-plein.

Sa chère « grand-mère », comme il la surnommait, était d'une si rare modestie qu'il eût été plus étonnant d'en rencontrer une semblable à la Cour des tsars que de voir « un cornichon salé pousser sur la branche d'un rosier ». Néanmoins, les lettres de Léon ne laissaient pas de la troubler, ce dont pas un instant Tolstoï ne parut se douter, lui si perspicace dans ses écrits ! La vérité est que, quand Tolstoï pensait à lui, il ne pensait qu'à lui. Avait-il trouvé l'âme sœur ? Ce serait trop dire. Plutôt une âme sympathisante, apte, sinon à le suivre, du moins à l'écouter, avec intelligence. Mais, pour être le tact et la réserve mêmes, Alexandrine n'en était pas moins femme, et pour être précis une demoiselle de quarante ans passés ! Tolstoï disait qu'il attendait la floraison. Alexandrine, elle, n'attendait que cela, et depuis combien d'années ! Or, à aucun moment le redoutable « petit-fils » ne fit à sa charmante « grand-mère » une déclaration en règle, et il se gardait d'autant plus de ne point outrepasser, dans ses propos et dans ses lettres, les bornes d'une tendre amitié, qu'il avait affaire à une personne pour qui les moindres nuances de langage, en matière de sentiment, avaient un sens précis. Mais il se confiait ou plutôt s'abandonnait avec tant de chaleur et de fougue qu'Alexandrine pouvait croire qu'il l'avait choisie, élue, pour lui faire le don de son âme.

Sur le ciel bleu sombre, le pinceau d'un géant semblait avoir tracé de larges bandes d'or rosé. Mais Léon ne regardait pas le ciel ni même un vol d'oiseaux qui, dans l'obscurité naissante, se dirigeaient vers le nord. Et le soleil printanier, soleil d'un printemps bien tardif, le chant suprême du rossignol, c'étaient, pour la demoiselle d'honneur, les lettres de Léon. Toutefois, jamais elle ne le lui dit. Si l'on s'en rapporte à ses souvenirs, écrits quand cette lumière teintée d'illusion fut depuis très longtemps éteinte, on pourrait croire que toute cette partie se joua sur le terrain d'une franche amitié, sans plus.

Cependant, il y a des faits : Alexandrine, qui passait des années, parfois, sans venir à Moscou, y vint à l'automne 1857. Elle y demeura tout l'hiver et fit même, en janvier, en compagnie de Léon, un voyage dans le district de Kline, où, ensemble, ils rendirent visite à une vieille princesse, une tante au second degré de Tolstoï, une cousine germaine de sa mère.

Las. Si Alexandrine avait nourri quelque espoir de rapprochement, elle dut être bien déçue. De loin, quand Léon était seul à la campagne, il lui était facile de se monter la tête en songeant à son exquise « grand-mère ». De près, il se sentait « refroidi ». Finalement, il prononcera cette sentence effroyable : « Alexandrine a vieilli et a cessé d'être une femme pour moi. » La comtesse, bientôt, regagna Saint-Pétersbourg. Les relations épistolaires reprirent, toujours tendres de part et d'autre, quoique Alexandrine livrât peu d'elle-même.

À la suite de cette épreuve, elle laissa seulement, en termes vagues, percer quelque tristesse ou plutôt de la nostalgie. Léon y distingua une sorte de regret ou même de mécontentement, sur lequel la vieille demoiselle ne s'expliqua point. Et ce fut tout.

Tolstoï le lui reprochera plus tard : « Dans nos rapports, vous me donniez toujours le côté général de votre esprit et de votre cœur... Je ne sais même pas ce qu'il y a pour vous de plus cher dans la vie, sauf votre amour général du bien et de l'élégance dans la bonté. » (Lettre de 1865.)

Pour l'heure, Léon alléguait que le vrai bonheur résidait dans un état « d'honnête inquiétude ». Un sentiment nouveau chez lui. Jusqu'alors, toujours quand il priait Dieu de le rendre bon, il ajoutait : « Et heureux ! » Dès lors, pour lui, il n'y avait de bonheur que dans le Bien. Et le Bien était un combat.

« Pour vivre honnêtement, il faut constamment lutter, s'égarer, se débattre, s'arrêter, s'élancer de nouveau, puis s'arrêter encore, et éternellement batailler pour reconquérir ce qu'on a perdu. La tranquillité est une malhonnêteté de l'âme. » En fervente orthodoxe Alexandrine eût voulu que Léon trouvât la paix dans le giron de l'Église. Mais Tolstoï n'acceptait pas cette perspective. Pourtant, il ne cessait de prier. Il affirmait posséder le véritable esprit chrétien, sa tendance naturelle et inconsciente ayant toujours été de vouloir avoir raison seul contre l'opinion commune, d'atteindre à la vérité par la voie de la contradiction.

Selon lui, le vrai sentiment chrétien était le sentiment de la vérité et de la beauté, tandis que ce qu'on représentait ordinairement comme le sentiment chrétien n'était qu'égoïsme et désir personnel de tranquillité.

À cette époque, Tolstoï était donc déjà en pleine possession de sa doctrine. Il avait même de celle-ci une connaissance si claire qu'il pouvait lui-même expliquer à Alexandrine son origine et sa logique.

Durant l'hiver de 1858, chassant avec des amis, il faillit bien perdre la vie. Renversé dans la neige par une ourse qu'il avait blessée d'un coup de fusil, il fut mordu à deux reprises. Il eut la joue déchirée au-dessous de l'œil gauche et la moitié de la peau du front arrachée. Un piqueur, l'épieu au poing, accourut en poussant son cri habituel : « Où vas-tu ? Où vas-tu ? » L'ourse disparut dans les fourrés.

Nicolas, le frère aîné de Léon, qui était parmi les chasseurs, attrapa quant à lui une mauvaise toux. Il avait depuis longtemps donné sa démission d'officier. Mais la tuberculose, semble-t-il héréditaire dans la famille, déjà le minait. Un an plus tard, ce fut le tour de leur sœur Macha de paraître atteinte. Deux ans plus tard, les deux malades, sur le conseil insistant de Tourgueniev, décidèrent d'aller faire une cure à l'étranger.

Nicolas partit en avant, avec Serge. Trois semaines plus tard, Léon accompagnait sa sœur et les enfants de celle-ci. Le 3 juillet 1860, ils prenaient, à Saint-Pétersbourg, le bateau pour Stettin.

Le malheureux Nicolas n'avait plus que vingt-cinq jours à vivre...

Second voyage à l'étranger

Après la mort de leur frère, Léon resta auprès de Macha, en France, à Hyères, jusqu'à la fin de l'année. Dès la fin de janvier 1861, il débarqua à Paris, où il retrouva Tourgueniev, non sans émotion. Ensuite, il partit pour Londres, qui ne lui inspira qu'un puissant dégoût de la civilisation moderne.

Son apparence était alors celle d'un gentleman, d'un dandy, vêtu à la dernière mode anglaise. Un jour, il assistait à un combat de coqs, le lendemain, à une séance du Parlement. Il visitait des écoles ou bien il avait de longs entretiens avec Herzen, ce personnage emblématique de l'opposition anti-tsariste, dans la petite maison modeste et confortable où ce révolutionnaire aisé, encore meurtri par de nombreux deuils, vivait bourgeoisement avec sa fille Natalie, la seule qui lui restât. Il semble que l'hôte de passage ait produit sur cet éminent exilé l'impression d'un Monsieur plein de bonnes intentions mais encore mal assuré dans ses voies.

Cependant, comme Tolstoï avait l'intention de s'en revenir par la Belgique, son interlocuteur lui donna une lettre de recommandation auprès de Proudhon, alors réfugié à Bruxelles.

Dans la capitale belge, Léon ne manqua pas de rendre visite au célèbre doctrinaire. « Un pur, celui-là ! Proudhon est un homme très fort : il a le courage de son opinion. » Chez les Belges, Tolstoï eut le sentiment d'être en famille. Pour la première fois depuis la mort de son cher frère

Nicolas, il put se remettre à écrire. Puis sonna l'heure du retour en Russie.

Il se trouvait encore à Londres lorsqu'il apprit que la promulgation de l'abolition du servage était imminente et que le gouverneur de Toula l'avait désigné comme « juge médiateur » et « arbitre territorial », fonction qui venaient d'être créées en vue d'aplanir les difficultés consécutives à l'application de la réforme. Le jour même où paraissait en Russie le manifeste d'émancipation, il quittait l'Angleterre, et ce n'est qu'à son arrivée à Bruxelles que l'importante nouvelle lui parvint.

Néanmoins, il ne se hâta point de rentrer. L'explication de cette nonchalance doit être recherchée dans le caractère même de Tolstoï, fait d'oppositions et de contradictions. La disparition du servage, certes, il l'appelait de tous ses vœux depuis des années. Combien de fois même n'avait-il pas déploré les lenteurs du gouvernement à l'appliquer ! En outre, n'avait-il pas tenté d'instaurer sur ses terres un régime de justice avant la réforme légale ? Mais son attitude relevait de l'initiative individuelle, de l'action indépendante, voire protestataire. Tandis qu'à présent, le Manifeste impérial, lu dans toutes les paroisses, n'était plus qu'un texte nouveau, ajouté à l'arsenal des lois.

En 1861, l'effervescence de la société russe n'avait fait que ranimer chez lui son instinctive répugnance envers « la banalité », c'est-à-dire tout courant général. En somme, l'homme n'était pas fait pour suivre le mouvement, mais pour le devancer. À quoi se reconnaît l'apôtre qu'il était en puissance, tout véritable prophète préférant le martyre à l'esprit consensuel. Au reste, la nomination « du lieutenant en retraite, comte Tolstoï » aux délicates fonctions d'arbitre s'était heurtée à l'opposition de presque tous les nobles de la région. Deux mois ne s'étaient donc pas écoulés qu'il constatait lui-même, dans son journal, la faillite de son effort. Bientôt la coalition des propriétaires contre lui devient si forte qu'il dut offrir sa démission à la Chancellerie des Domaines de la province le 12 février 1862. Finalement, le 26 mai suivant, sur sa demande, le Sénat le relevait de ses fonctions, « pour raison de santé ».

« Les fonctions d'arbitre m'ont valu la parfaite inimitié de tous les propriétaires fonciers et ont détraqué ma santé », écrivit-il à Alexandrine le 25 juin 1861. La pédagogie, au surplus, occupait alors la première place dans ses préoccupations. Aussitôt rentré de l'étranger, il s'y jeta à corps perdu. Bientôt, l'école d'Iasnaïa Poliana compta quarante élèves. L'exemple donné par Tolstoï fut rapidement suivi. En 1862, dans son arrondissement, quatorze écoles furent créées. À ce nombre venaient s'ajouter une dizaine d'écoles fonctionnant soit dans les sacristies des églises de village, soit chez des particuliers.

À la même époque, il fit éditer à ses frais une revue pédagogique intitulée *Iasnaïa Poliana*. Elle eut huit numéros. L'auteur y développait dans une série d'études ses conceptions et ses méthodes. À vrai dire, cette publication passa entièrement inaperçue du public, et le monde de l'enseignement n'y prêta aucune attention. Seule la police, plus perspicace, commença à ouvrir l'œil.

Cependant, il arrivait que « l'instituteur paroissial » (tel était, dans l'exercice de ses fonctions pédagogiques, le titre officiel du comte), ayant quitté brusquement sa classe pour aller faire un tour à Moscou, s'y oubliât dans les cabarets tziganes. C'est ainsi qu'au mois de février 1862, cet éducateur amateur, envoyant promener Rousseau, Confucius, Moïse et Pestalozzi, perdit mille roubles sur parole au billard chinois. Mais la Providence joue quelquefois ses coups par la bande. Tenu d'honneur à payer cette dette dans les quarante-huit heures, et se trouvant démuni, Léon vendit au directeur du journal *Le Messager russe,* pour la même somme de mille roubles qui lui fut immédiatement versée, la nouvelle *Les Cosaques*, commencée depuis dix ans et encore inachevée. Lorsqu'il conta gaiement l'aventure, un soir, chez ses amis Bers, les trois filles, Élisabeth, Sophie et Tatiana, respectivement âgées de vingt, dix-huit et seize ans, pleurèrent.

Il n'empêche que Léon se remit à écrire pour s'acquitter envers ce journal, et que sa malchance au billard chinois le rendit à son vrai destin cet hiver-là.

Sa santé, depuis quelques mois, s'était sérieusement altérée. « J'ai bien la tuberculose, mais je m'y fais. » (Journal, 23 septembre 1861.) Au printemps de 1862, il se mit à cracher le sang. Les médecins lui ordonnèrent une cure de lait de jument fermenté. Cette boisson passait pour forti-fiante. Elle était préparée dans les plaines kirghizes dans une partie sud-orientale du pays. Les personnes venues pour une cure y vivaient elles-mêmes, comme les nomades, sous les tentes de feutre.

Léon partit au mois de mai 1862 avec son domestique et deux écoliers qui toussaient. Ils prirent le bateau et descen-dirent la Volga par les nuits printanières. Le fleuve, immense, inondait les prairies.

Insatisfait du « vide fondamental de (sa) vie », Tolstoï se réjouissait d'aller « là où je ne recevrai plus ni lettres, ni jour-naux ; où j'oublierai ce qu'est un livre ; où je pourrai me prélasser au soleil ventre en l'air, boire du *koumys* (le lait de jument fermenté) et dévorer du mouton, pourrai me trans-former moi-même en mouton et alors, guérir ! ».

Tout se déroulait à merveille depuis six semaines dans la steppe, quand arrivèrent de Iasnaïa Poliana de stupéfiantes nouvelles.

L'insulte

Le 6 juillet, à cinq heures du matin, trois troïkas de poste, avec clochettes, où avaient pris place un colonel de gendarmerie, chef de la police du district et des gendarmes armés, avaient fait irruption dans le parc de la demeure de Tolstoï.

Tante Toinette, croyant à l'arrivée de son cher neveu, se précipita, en chemise de nuit, dans le vestibule. À la vue des gendarmes, la vieille dame pâlit et chancela. Elle fut immédiatement refoulée dans sa chambre, avec défense d'en sortir.

La perquisition commença. Tout fut visité, de la cave au grenier! On sonda même les murs des sous-sols, dans l'espoir d'y découvrir des passages secrets, et l'on s'étonna de n'en point trouver. Après la maison d'habitation, les bâtiments annexes, les écoles, le cabinet de photographie, particulièrement suspect, les écuries, les hangars furent fouillés dans tous les coins; les serrures furent crochetées; des portes forcées; des boiseries, démontées, brisées; des carrelages descellés. Le colonel semblait avoir une idée précise.

Que cherchait-il donc? Et voilà qu'il ordonnait aux gendarmes de draguer les étangs au filet, d'inspecter partout sous les taillis, pour voir si le sol n'avait pas été fraîchement remué. Dans le même moment, les étudiants, au nombre de neuf, qui assuraient, en l'absence du maître, le fonctionnement de son école, furent mis en état d'arrestation.

Un appareil photographique, un objet rare dans la province russe, fut saisi.

« Qui photographie-t-on ici ? » demanda un policier d'un ton sévère.

Cependant, les permis de séjour des étudiants étaient en règle, et les jeunes gens furent bientôt libérés, non sans avoir été admonestés sévèrement « pour le principe ». Telle était la règle de la police, quand rien de précis ne s'avérait blâmable, pour affirmer son pouvoir...

L'opération dura deux jours, pendant lesquels tous les livres de la bibliothèque furent examinés ; tous les papiers, manuscrits, correspondances, journaux intimes, feuilletés et même lus à haute voix par le commissaire. Les membres de l'expédition agissaient comme en pays conquis, courant, criant, jurant sous les fenêtres, ordonnant qu'on leur servît à manger et à boire.

La même visite domiciliaire, tout aussi brutalement conduite, eut lieu dans une autre propriété de Tolstoï, Tcherni. Là, comble de l'insulte, les journaux intimes de Nicolas, le frère défunt de Tolstoï, furent lus par le colonel. Ensuite, le chef de la mission revint à Iasnaïa et déclara en toute simplicité à Toinette qu'il « n'avait rien trouvé de répréhensible », qu'on pouvait se tranquilliser complètement, mais qu'on devait tout de même être prudent, et que « d'ailleurs, il reviendrait, peut-être ».

L'origine de l'affaire n'est connue que depuis juin 1905. Il est possible que le principal intéressé l'ait ignorée toute sa vie. La police regardait d'un œil torve les innovations pédagogiques de Tolstoï. D'autre part, la noblesse du district s'était juré « d'avoir la peau » de ce singulier lieutenant à la retraite qui, dans ses éphémères fonctions d'arbitre territorial, avait osé lui tenir tête. Or, à la même époque, des tracts révolutionnaires, dont on ignorait la provenance, avaient été répandus dans la région. Tolstoï éditant une revue, un voisin (on ne sut jamais lequel) le dénonça comme possesseur d'une imprimerie clandestine, d'où les brochures incriminées devaient certainement sortir. L'accusation était d'autant plus absurde que la revue *Iasnaïa Poliana* portait sur sa couverture le nom de Katkov, l'éditeur le plus réactionnaire des directeurs des journaux de l'empire des tsars.

Mais Léon Tolstoï, en haut lieu, n'étant pas en odeur de sainteté, la police de sûreté, sans aucune vérification préalable, donna secrètement un nouvel ordre de perquisition qui fut immédiatement expédié. Des gendarmes furent chargés de chercher à Iasnaïa une imprimerie qui ne s'y trouvait pas.

Quand il sut la nouvelle, Léon accourut, fou de rage.

Aussitôt arrivé à Moscou, il écrivit à la comtesse Alexandrine, très influente à la Cour du tsar, en la raillant d'appartenir à ce milieu d'où le coup était parti : « Ils sont bien, vos amis ! Ce sont vos amis, tout ça ?… Un de vos sales colonels a fouillé toutes mes lettres… Comment, vous, "un honnête homme", pouvez-vous vivre à Saint-Pétersbourg ? »

Il se déclarait tout de go prêt à quitter un pays où nul ne pouvait savoir une minute à l'avance si l'on n'allait pas « l'enchaîner et le fouetter ». Quant à sa tante Toinette, « une vieille femme de soixante-quinze ans ! », elle avait reçu un tel choc qu'elle n'en était pas encore remise. Peu importait que Toinette n'eût que soixante-sept ans : dans sa colère, il la vieillissait généreusement de huit années !

Dans son âme se réveillait le sentiment de l'injustice, de la révolte, comme le signe d'un mal dont tout le monde souffrait en Russie. Mais, surtout, on avait eu l'audace de s'attaquer à lui, le comte Léon Tolstoï !… Aussi voulait-il une réparation publique, aussi éclatante que l'avait été l'injure. Sinon, il s'expatrierait.

Si son honneur était atteint, sa réputation était compromise, car les propriétaires, ses ennemis, se réjouirent sans vergogne de cette mésaventure. Quant aux moujiks, ils se contentaient de sourire en hochant la tête. D'ailleurs, le bruit courut au village, avant son retour, qu'il s'était sauvé à l'étranger, ou bien qu'il était déjà bouclé dans une forteresse...

Ah! s'il s'était trouvé à Iasnaïa, ce matin-là, il aurait sûrement commis un meurtre, abattu « ce sale colonel de gendarmerie »! Depuis son retour, d'ailleurs, il avait sous la main des pistolets chargés.

La réponse d'Alexandrine ne se fit pas attendre. Lettre admirable de délicatesse offensée, d'indignation, mais aussi, d'habileté, de mesure et de fermeté. Elle suppliait Tolstoï de réfléchir profondément, de ne prendre aucune décision « sur les conseils de l'orgueil ou de l'amour-propre blessé, même de l'honneur attaqué ».

La suite des événements donna raison à cette approche prudente. En effet, le tsar Alexandre II étant venu au mois d'août à Moscou pour les manœuvres d'automne, Léon, sur les conseils d'Alexandrine, lui fit remettre par un aide de camp une lettre dans laquelle il demandait respectueusement à Sa Majesté réparation de l'offense qu'il avait subie. Alexandrine avait bien entendu appuyé la supplique de tout son crédit et fait agir tous ses amis.

À la suite à cette missive, le chef des gendarmes qui avait donné l'ordre de perquisition informait le gouverneur de Toula que le désir exprimé par le tsar était que « le propriétaire foncier, comte Léon Tolstoï, ne fût pas inquiété », et chargeait ce haut fonctionnaire d'en donner lui-même l'assurance au comte dans un « entretien personnel ».

Les fiançailles

Après cette blessante histoire de perquisition, Léon entreprit farouchement « de tout remettre en ordre dans son âme et dans sa vie ». Le 1ᵉʳ janvier 1859, il inscrivait sur son carnet qu'il devait se marier « cette année-là, ou jamais ».

Ce vœu le hantait déjà depuis plusieurs années. L'atteste cette lettre datée du 12 janvier 1852 adressée à sa tante : « Après un nombre d'années indéterminé, ni jeune, ni vieux, je suis à Iasnaïa. Mes affaires sont en ordre. Je n'ai pas d'inquiétudes ni de tracasseries. Vous aussi, vous habitez Iasnaïa. Vous avez un peu vieilli, mais vous êtes encore fraîche et bien portante. Nous menons la vie que nous avons toujours menée. Le matin je travaille, mais nous nous voyons presque toute la journée. Nous dînons ensemble. Le soir, je vous fais une lecture qui ne vous ennuie pas, puis nous causons. Moi, je vous raconte ma vie au Caucase ; vous, vous me parlez de vos souvenirs, de mon père, de ma mère ; vous me contez ces contes "terribles" que nous écoutions bouche bée et les yeux pleins d'épouvante.

« Nous nous rappelons les personnes qui nous ont été chères et qui ne sont plus. Vous pleurerez, je ferai de même, mais ces larmes seront douces, nous causerons de mes frères qui viendront nous voir de temps en temps, de la chère sœur Marie qui passera également quelques mois de l'année avec ses enfants à Iasnaïa, qu'elle aime tant.

« Nous n'aurons point de connaissances, personne ne viendra nous ennuyer, faire des commérages. C'est un beau rêve, mais ce n'est pas encore tout ce que je me permets de rêver. Je suis marié : ma femme est une personne douce, aimante, bonne ; elle a pour vous la même affection que moi ; nous avons des enfants qui vous appellent grand-maman ; vous habitez dans la grande maison en haut, la même chambre que jadis occupait grand-maman. Toute la maison est telle qu'elle a été du temps de papa, et nous recommençons la même vie, en changeant seulement de rôle ; vous prenez le rôle de grand-maman, mais vous êtes encore meilleure ; moi, le rôle de papa...

« Mais il manquera un personnage pour prendre le rôle que vous avez joué dans notre famille. Jamais il ne se trouvera une âme aussi belle, aussi aimante que la vôtre. Si on me faisait empereur de Russie, si on me donnait le Pérou, en un mot, si une fée venait avec sa baguette me demander ce que je désire, la main sur la conscience, je répondrais que je désire uniquement que ce rêve puisse devenir une réalité. »

L'idéal familial restera toujours gravé dans son cœur et ce rêve demeurera au centre de ses grandes œuvres.

Ce rêve, mais aussi « l'horreur » de la solitude et des tourments de la chair...

Sous ces auspices, l'histoire des fiançailles de Tolstoï devient un roman dans le roman de sa vie, sinon une sorte de drame passionnant joué par trois sœurs.

En 1861, il était toujours célibataire, mais ses fréquentes visites chez les Bers donnaient à supposer qu'il allait bientôt demander la main d'Élisabeth, l'aînée des trois filles. En tout cas, cette dernière en était intimement convaincue. Ne devait-elle pas se marier la première, selon la tradition ? Elle attendait donc avec calme, avec dignité, la déclaration du comte.

La mère des jeunes filles, Lioubov Bers, née Islenieva, de trois ans seulement plus âgée que Léon, était cette amie d'enfance qu'il avait autrefois précipitée du haut d'un balcon dans un accès de jalousie. Le père de cette dame, joueur effréné, pendant des années fut proche de Tolstoï.

Lioubov avait épousé à seize ans le docteur André Bers, d'origine allemande. Ne disposant pas de fortune personnelle, médecin attaché à l'administration du Palais impérial de Moscou et, à ce titre, logé au Kremlin, il était de dix-huit ans plus âgé que sa femme, ce qui ne l'avait pas empêché de lui faire huit enfants : cinq garçons et trois filles.

Sonia, diminutif de Sophie, la seconde des filles, avait dix ans en 1854, quand Léon, avant de partir pour l'armée du Danube, était venu, en uniforme d'adjudant d'artillerie, saluer ses parents.

Il s'était assis sur une chaise basse en acajou, recouverte d'une étoffe cerise. Après le départ du visiteur, l'enfant avait noué un ruban à cette chaise.

En 1856, à son retour, Tolstoï, déjà célèbre, avait reparu chez les Bers. Le 26 mai 1856, il notait dans son journal : « Que ces fillettes – respectivement âgées de 14, 12 et 10 ans – sont charmantes et gaies ! » Depuis lors, quand il venait à Moscou, il ne manquait presque jamais d'aller les voir.

Sophie possédait une originalité d'esprit et une humeur vive. Cette agréable jeune fille fut assez appliquée pour obtenir son diplôme d'institutrice, mais elle ne dédaignait pas les domaines artistiques, peignant à l'aquarelle ou composant de petits récits. Très pure, mais non sans coquetterie, elle connaissait le pouvoir de ses yeux et prenait plaisir aux hommages. Elle était déjà courtisée par un tout jeune homme, ami de son frère aîné, officier dans la garde à cheval.

Tania (Tatiana), la cadette, à peine issue de l'enfance, était sans doute la plus sympathique des trois sœurs, la plus gaie, la plus franche. D'ailleurs elle aurait servi de modèle à

Tolstoï pour la composition du personnage de Natacha Rostova dans *Guerre et Paix*. N'a-t-il pas dit lui-même : « J'ai pris Tania, je l'ai moulue avec Sonia, et il en est sorti Natacha... »

Au charme d'un tempérament expansif, la cadette joignait celui d'un esprit moqueur, une flamme espiègle sans méchanceté. De surcroît, elle avait une superbe voix de contralto.

Peut-être Sophie, moins séduisante, était-elle douée d'une nature plus énergique, plus forte que Tania. Elle était totalement dépourvue du moindre grain de folie, quoiqu'elle n'eût pas la sagesse compassée d'Élisabeth, moins fine que ses sœurs. Mais elle avait un caractère difficile, où l'on vit, dès le jeune âge, son principal défaut.

La jeune fille emportée annonçait déjà la jeune femme jalouse, exigeante, la mère de famille passionnée, autoritaire, cherchant sans cesse à régner.

Mais on n'échappe point à son caractère. Par son attitude énigmatique, ses hésitations, Tolstoï apporta dans la famille Bers exactement le même trouble qu'il avait, six ans auparavant, causé chez ses voisins avec ses « fiançailles non accomplies ».

Élisabeth le tentait, certes, mais « le sentiment était absent » (22 septembre 1861).

Comme il en avait voulu jadis à sa pseudo-fiancée, Léon reprochait à Élisabeth ses propres tergiversations : « Je commence à la haïr tout en éprouvant de la pitié pour elle », écrivait-il le 9 septembre 1861. Dès le lendemain, la pitié avait disparu : « Je me mets à la détester de tout mon cœur. » Cependant, s'il commençait à sentir « la fausseté » de sa situation chez les Bers, il balançait toujours. Et un an plus tard, il en était au même point !

Au début du mois d'août 1862, la mère des charmantes demoiselles décida de brusquer les choses et s'arrêta à

Iasnaïa, « pour embrasser son amie Macha », la sœur de Tolstoï, car celle-ci se disposait à partir bientôt rejoindre ses enfants en Algérie.

Peut-être n'était-ce là qu'un prétexte, ainsi que le voyage lui-même. Les mamans ont souvent des buts secrets... Et Madame Bers connaissait trop bien « son cher Léon ». Il s'agissait d'amener ce perpétuel indécis à déclarer enfin ses sentiments à sa fille aînée Élisabeth. Cette visite, l'intimité d'un rapprochement à la campagne, pourraient y aider.

Les jeunes filles se confectionnèrent joyeusement des robes ; on loua même un grand carrosse à six places.

Et fouette cocher ! *S bogom !* (Que Dieu nous accompagne.) Au crépuscule, le lourd carrosse atteignit les fameuses tours blanches et fit son entrée dans l'avenue de tilleuls. Les chants étouffés des oiseaux regagnant leurs nids avaient une signification prémonitoire que la petite Sophie eût été bien en mal de saisir... C'était la première fois qu'elle venait en ce lieu où son destin était marqué.

Aux yeux des trois sœurs élevées à la ville, ce vaste domaine revêtait un aspect étrange. Certains détails ne leur échappaient point : le parc était mal tenu, le tracé des allées disparaissait sous les herbes folles, les abords mêmes de la maison étaient envahis par les chardons et les bardanes. Aucun par-terre devant le perron, aucune autre fleur que les fleurs des champs. Mais des alignements de grands arbres, les perspectives princières des hautes branches, et ces échappées merveilleuses sur un cercle lointain de forêts.

À l'intérieur de la maison seigneuriale, tout offrait ce même mélange de noblesse et de simplicité rustique : des plafonds hauts, des salles voûtées, mais des murs blanchis à la chaux, un escabeau fabriqué au village à côté d'une commode précieuse, et des planchers non cirés.

La visite annoncée n'était pas attendue pour ce jour-là. Cependant, les serviteurs déjà s'empressaient. Tante Toinette, la vieille demoiselle aux cheveux d'argent, les épaules couvertes d'un châle, prononça, avec une bonne grâce aristocratique, en français, d'antiques formules courtoises, tandis que sa vieille suivante, le regard fureteur, coiffée d'un bonnet de piqué blanc, se confondait en révérences.

Les trois perruches de Moscou, vêtues à la dernière mode, fières de leurs robes à crinolines, se croyaient reportées en des temps jadis, et, comme elles avaient de la lecture, elles songeaient à Gogol, aux personnages des *Âmes mortes*.

Tous les témoignages confirment l'agitation inhabituelle de Tolstoï donnant des ordres à travers la maison. Pendant que la femme de chambre préparait les lits sur les divans, la jeune Sophie – elle avait dix-huit ans – choisit pour couchette un énorme fauteuil auquel on pouvait accoler un large tabouret. Léon voulut absolument y étendre les draps lui-même et y disposer les oreillers.

Que faisait donc Élisabeth pendant ce temps ? Elle se retranchait dans sa dignité, dans sa froideur, dans la confiance que lui inspirait sa beauté…

Quand vint l'heure du dîner, Sophie inventa un formidable stratagème, disant qu'elle n'avait pas faim. Et, au lieu de descendre à la salle à manger, elle préféra demeurer seule à un balcon du premier étage, pour contempler la vue. Manœuvre, sans doute. Léon obéit immédiatement à cet appel muet. Abandonnant les autres invités, il ne tarda pas à rejoindre la jeune fille. Naïvement, il lui dit comme il s'émerveillait de la trouver si simple ! Si limpide ! Or, à cette minute, elle n'était rien moins que cela : pleine de pièges, encore qu'innocente peut-être, mais jouant un jeu serré.

Pourtant Léon n'était guère beau. Son corps avait perdu la sveltesse de jadis, quand il portait l'uniforme. Non qu'il eût pris de l'embonpoint – il ne fut jamais gras –, mais la charpente s'était développée : un effet de l'âge et de la gymnastique. Ses épaules s'étaient considérablement élargies ; os et muscles, tout avait gagné en épaisseur. On eût dit un ours habillé de tissus anglais, s'il n'avait pas eu son fameux regard « de loup en rut ».

Cette apparence animale était encore accrue, depuis quelque temps, par le port de la barbe, une barbe aux racines irrégulières, touffue ici, clairsemée là, négligée, hirsute ; par des sourcils buissonneux, enfin, par les cheveux longs, à la mode russe, qui encadraient d'énormes oreilles. C'est à travers tout ce poil que vibrait la lumière grise d'un regard extraordinairement aigu. Il avait somme toute l'apparence d'un moujik, ou d'un homme qui vivait des mois à la campagne, et que cela ennuyait de faire le voyage pour rendre visite au coiffeur. Autre détail, mais en est-ce un ? Léon avait perdu toutes ses dents.

Cependant, il était comte. Son prestige, aux yeux des trois sœurs, il le devait d'abord à ce titre, puis à sa fortune, enfin à l'éclat de ses débuts littéraires.

Sensible à tout ce qu'il imaginait de pureté dans l'âme de cette jeune fille, apparemment en extase devant le spectacle des prés inondés de lune, Léon se sentait apaisé.

Cette viginité agissait sans doute par contraste, d'autant que dans l'après-midi Léon avait longuement rencontré sous la feuillée Aksinia Bazykina, cette paysanne « à la gorge blanche », avec qui il avait une liaison. C'était même une aventure passionnée : « Je suis amoureux comme jamais encore. Je ne pense à rien d'autre » (journal, 13 mai 1858). Mais, le 16 juin, il notait : « Je ne peux plus la souffrir. » Cependant, en août et septembre de l'année suivante, il renoua sa liaison avec celle dont sera si jalouse, plus tard, la comtesse Tolstoï. Mai 1860, dans son journal : « Je suis terrifié, à quel point elle m'est proche... Ce n'est plus un sentiment bestial mais celui d'un mari envers sa femme. » Tolstoï affirma qu'il ne s'était jamais épris d'une femme avant d'avoir aimé passionnément celle qui lui inspirera l'héroïne du *Diable*.

Le héros du roman lutte contre la tentation, symbolisée par cette femme qui paralyse sa volonté avec les mouvements de son corps, ses yeux brillants, ses regards insaisissables et ses vêtements rouges.

Sa beauté le subjuguait et l'intimidait à la fois : s'il la désirait, il voyait en elle la grâce de la Madone. Chaque jour, les prières de Tolstoï étaient les mêmes : « *Ave Maria*, souvenez-vous de mes défunts et bénissez mes proches. Seigneur, délivrez-moi de la vanité, de l'irrésolution, de la paresse, de la luxure, des maladies et des inquiétudes de l'âme. Donnez-moi, Seigneur, de vivre sans péché et sans souffrance, et de mourir sans désespoir et sans crainte. Avec foi, espérance et amour, je m'en remets à votre volonté. Sainte Mère de Dieu et mon ange gardien, priez pour moi. »

Tolstoï ne cessait pas de s'interroger sur le péché. Mais en était-ce un de regarder cette belle fille et de l'aimer ? Après tout, Dieu l'avait faite ainsi. Un irrésistible torrent l'emportait alors et sa faiblesse triomphait de ses résolutions ou de ses suppliques au Ciel.

Pourtant, auprès de Sophie, ce soir-là, Léon, la chair allégée, était tout à l'idéal...

Le lendemain, on organisa avec des voisins un pique-nique, exactement comme au temps des fiançailles manquées précédentes, car les distractions à Iasnaïa se bornaient à deux ou trois rites immuables.

Sophie avait mis une robe jaune, garnie d'une ceinture et de boutons en velours noir. Pendant que les autres, assises sur deux rangs, dos à dos, partaient dans une sorte de char à bancs tout en longueur, elle s'arrangea pour accompagner Léon à cheval. Qu'importait qu'il n'eût pas d'amazone : serrant sa robe autour de ses mollets, elle monta sur la jument baie ! Et Tolstoï enfourcha son étalon blanc. Désormais, pour Élisabeth, la partie était perdue. Elle commençait sans doute instinctivement à le pressentir et même à enrager un peu.

Les cavaliers rejoignirent toute la compagnie dans une clairière où se dressait une grande meule de foin. Après qu'on eut servi le thé, Léon, qui se dépensait comme un collégien, entraîna tout le monde à grimper sur la meule et à se laisser ensuite glisser jusqu'en bas. Élisabeth, toujours réservée, n'excella guère à ce jeu. Enfin, toute la compagnie se rassembla au sommet de la meule, et l'on y chanta en chœur jusqu'au soir.

À la nuit tombante, lorsque tout se couvrit de rosée, Léon et Sophie respirèrent à pleins poumons cette bonne odeur de seigle qui se dégageait du chaume neuf et des vannures, puis, le cœur léger, ils rentrèrent pour le souper en longeant la pommeraie.

Les voix du village et les grincements des portails se répercutaient dans le frais crépuscule. Au fond du verger obscur, se déroulait un spectacle fantasmagorique. Comme échappée d'une fournaise infernale, une gigantesque flamme rouge déchirait les ténèbres ; autour du feu, des formes comme découpées dans du bois noir projetaient sur les pommiers leurs ombres géantes ; tantôt une main d'une longueur démesurée se plaquait sur un arbre, tantôt deux jambes.

« Il y avait un tel calme, une telle poésie dans la vie laborieuse de ces gens, une telle force d'âme, une telle puissance d'âme », mentionna Tolstoï dans son journal…

Le second jour fut celui de la séparation. Les dames Bers poursuivirent leur voyage dans le domaine voisin d'Ivitzi.

À peine y étaient-elles arrivées que Léon parut sur son étalon blanc. Élisabeth rougit. Elle s'imaginait encore que « le comte » (les trois demoiselles l'appelaient ainsi) avait, par une lourde chaleur, franchi à cheval plus de cinquante kilomètres pour la joie de venir la retrouver ! Mais Sophie ne s'y trompa pas. Cet instant est sans doute celui à partir duquel l'image de son jeune soupirant s'estompa progressi-vement dans son esprit.

C'est dans cette propriété que se déroula, un soir, à la fin d'un bal, la fameuse scène que Tolstoï a replacée avec tant de subtilité dans *Anna Karénine*, quand son héros Lévine écrit sa déclaration d'amour à la craie sur le tapis d'une table de jeu, rien qu'avec les initiales des mots. Elle portait, ce soir-là, sa fameuse robe de barège blanc, ornée sur les épaules de nœuds lilas, d'où s'échappaient de longs rubans que l'on appelait des « suivez-moi, jeune homme ».

Le jeune homme, cette fois, était bien un peu mûr, mais il avait obéi à l'appel parfumé de ces rubans flottants. L'écrivain romança évidemment l'événement ; en réalité, sa bien-aimée, « dans une sorte d'excitation surnaturelle », ne devina pas sans doute aussi vite ses intentions comme elle le prétendrait plus tard. Les phrases étaient bien trop longues, bien trop compliquées pour que cela fût possible. D'ailleurs, un témoignage direct infirme cette version des faits. La sœur cadette, Tatiana, s'était cachée sous le piano parce qu'on lui avait demandé de chanter, et qu'elle ne se sentait pas en train. Surtout, Léon et Sophie seraient entrés dans le salon et elle n'aurait pas osé se montrer. Bref, involontairement, elle assista à l'entretien. Or, dans ses souvenirs, nous lisons : « Il dut lui souffler certains mots. »

La déclaration de Tolstoï en elle-même était assez bizarre : « V. j. e. v. s. d. b. m. f. c. s. m. v. 1. i. p. m. d. ê. h. » Ce qui signifiait : « Votre jeunesse et votre soif de bonheur me font cruellement sentir ma vieillesse et l'impossibilité pour moi d'être heureux. » Et encore : « D. v. f. o. a. d. v. s. m. p. v. s. L. A. m. à. m. d. v. e. T. » Traduisez : « Dans votre famille on a des vues sur moi pour votre sœur Lisa (Élisabeth). Aidez-moi à me défendre, vous et Tatiana. »

Ce n'était donc pas encore une demande formelle en mariage. Ce faible, doublé d'un orgueilleux, exprimait d'abord simplement la crainte de voir sa demande repoussée, au cas où il la présenterait. Ensuite, s'avouant incapable de sortir seul de l'impasse dans laquelle il s'était engagé, il suppliait les deux sœurs cadettes de l'en tirer, de le « défendre ».

Sophie, avec toute la force de son caractère, comprit la situation au-delà du rébus. Le comte, en dépit de ses réticences, et bien qu'il se crût encore libre, venait de faire vers elle un pas décisif.

Au reste, l'attitude singulière de Léon commençait à être remarquée de tous, et d'Élisabeth elle-même, qui maintenant s'énervait à la perspective de sa défaite. Elle se plaignit : « Sophie veut me prendre le comte. Ces œillades, ces toilettes, ces façons de s'isoler avec lui, tout cela est très clair. » Cependant, elle se refusait encore à admettre que Léon eût quelque part d'initiative dans ces manèges. Elle conclut : « Les hommes ne vous prêtent pas la moindre attention quand on ne cherche pas à leur plaire. »

Quelques jours plus tard, le « charmant comte », qui déclarait déjà « je commence à détester Élisabeth », infligea à la pauvre fille une avanie affreuse, telle que l'on s'étonne qu'après cela elle ait pu encore, durant plusieurs semaines, garder l'espoir de le conquérir. C'était au voyage du retour. Les dames Bers rentrant sur leurs terres de Pokrovskoe, situées à une douzaine de kilomètres, étaient repassées par Iasnaïa. Au moment où elles allaient en repartir, Tolstoï, brusquement, déclara qu'il les accompagnerait.

Comme il n'y avait pas de place pour lui à l'intérieur du carrosse, il fut décidé qu'il ferait la route sur une des deux places situées à l'extérieur et à l'arrière de la voiture, et qu'Élisabeth et Sophie, à tour de rôle, iraient s'asseoir à côté de lui. Au dernier relais, les deux sœurs eurent une dispute mémorable, et leur mère dut les gronder à voix basse. C'était le tour de Sophie de s'asseoir à côté de Léon. Élisabeth, sous prétexte qu'elle étouffait à l'intérieur, la pria de lui céder sa place. Sa sœur y consentit de mauvaise grâce, probablement sur l'ordre de sa mère, et elle monta dans la voiture.

« Sophia Andreevna, c'est à votre tour de vous asseoir derrière! » s'écria vivement Léon, demeuré debout au bord du chemin. Mais déjà la portière se refermait, et Élisabeth s'était installée.

Tolstoï parut réfléchir un instant, puis il alla s'asseoir près du cocher!

Entre les deux sœurs, la guerre était maintenant ouverte. Cette inimitié prenait même une forme si vive que les autres membres de la famille en éprouvaient quelque gêne.

Pendant les derniers jours d'août et les premiers jours de septembre, le comte multiplia ses visites. D'ordinaire, il faisait la route à pied vers le soir, le visage enflammé, transpirant, rayonnant. Un jour qu'un tilbury dételé se trouvait dans la cour, Sophie y monta, Léon saisit les brancards et d'un puissant coup de reins entraînant la voiture, s'élança au grand trot en criant: « Je promène mon impératrice! »

On retenait le visiteur à souper. Les nuits étaient poudrées d'étoiles. L'automne russe exhalait à la hâte ses derniers parfums. Au jardin avec les jeunes sœurs, assis sous la tonnelle, ou bien s'accoudant au balcon de bois, Léon regardait le ciel nocturne, cette palpitation innombrable, et murmurait: « Nuits de folie! »

Une certaine quiétude semblait l'avoir gagné. Il faisait encore doux. Une odeur de miel embaumait la véranda. Parfois, une hirondelle au cri strident entrait par les portes grandes ouvertes, faisait le tour de la pièce et repartait en flèche vers d'autres horizons.

Le lendemain après la sieste, Sophie servait du thé à Léon et s'installait à côté de lui pour écouter ses passionnants récits, attentive à sa quête incessante de l'invisible, à son instinct spirituel jamais satisfait, qui le pousseront sans cesse à évoluer.

Le 12 septembre 1862, il écrivait: « Je suis amoureux comme je n'aurais jamais cru possible de l'être. Je suis fou, je me tuerai si ça traîne encore. »

Pourtant, formellement, il ne se déclarait toujours pas. Autrefois, il hésitait parce que cela ne lui disait pas grand-chose. Maintenant, il doutait parce qu'il aimait d'une ardeur telle qu'il n'en avait jamais ressenti. Fidèle à sa nature, il essayait de lutter contre cette passion car il craignait une déception qu'il ne pourrait pas supporter.

C'est alors que Sophie lui fit lire sa nouvelle où elle le dépeignait sous les traits d'un prince Doublitski. Lequel avait « un extérieur singulièrement peu attrayant ». En outre, elle représentait ledit prince, « homme d'un certain âge », comme « versatile dans ses opinions ».

Grosse maladresse. Le coup fut rude pour Léon. Il l'atteignit si profondément qu'il réveilla en lui le sentiment de sa valeur exceptionnelle, auprès de quoi la petite Bers, en effet, était un bien futile objet. On trouve dans le journal intime les reflets de ce tourment: « Sale gueule, écrivit-il en s'adressant à lui-même, ne songe pas au mariage. Ta vocation est ailleurs, et c'est pourquoi il t'a été beaucoup donné. »

Le lendemain, c'est au Kremlin qu'il se rendit, car les Bers, rentrés à Moscou, avaient repris possession de leur appartement au palais.

« Il faut en finir. Ou je me tirerai une balle dans la peau, si cela continue. » Quatre jours, cependant, allaient encore s'écouler en nouvelles tergiversations. Il avait pourtant déjà préparé une lettre, et l'avait même glissée dans sa poche… Quatre fois, venu en visite, il repartit sans l'avoir remise.

Le 16 septembre enfin, pâle, tremblant, il se rendit chez les Bers et remit la lettre à Sophie, qui s'enfuit dans sa chambre où elle s'enferma à clé pour lire la missive :

« Sophie Andreevna, la situation devient intolérable. Voilà trois semaines que je me dis : aujourd'hui, je lui dirai tout et je sors de chez vous avec la même angoisse, le même regret, la même terreur, la même félicité dans l'âme…

« Je serais mort de rire si l'on m'avait dit, il y a un mois, qu'il était possible de souffrir comme je souffre et en même temps d'être heureux de cette souffrance. Dites-moi, en honnête homme, voulez-vous être ma femme ? Seulement, si vous le pouvez du fond du cœur, dites-moi : oui.

« Si vous ne le pouvez pas, si vous avez l'ombre d'un doute, non. Pour l'amour de Dieu, interrogez-vous bien ! Si vous dites non, ce sera terrible pour moi, mais je l'ai prévu, et trouverai en moi-même la force de le supporter. Si, étant votre mari, je n'étais pas aimé autant que j'aime, ce serait plus vitreux encore. »

Il y eut un éclat. Élisabeth, qui avait vu le geste du comte, descendit l'escalier en courant, puis, se heurtant à la porte close, frappa du poing le battant :

« Ouvre, cria-t-elle, ouvre tout de suite ! »

Mais Sophie, qui avait déjà parcouru la lettre, entrebâilla tranquillement la porte.

« Dis-moi ce que t'écrit le comte ! hurla Élisabeth.

– Il m'a fait la proposition », répondit Sophie d'une voix douce, en français.

À ces mots, Élisabeth perdit la tête :

« Refuse ! Refuse immédiatement ! » s'écria-t-elle entre deux sanglots.

Devinant ce qui se passait, Madame Bers intervint. Prenant l'élue par les épaules, elle la fit pivoter et la poussa vers l'escalier :

« Va lui donner ta réponse ! »

Léon l'attendait, en proie à une agitation extrême. Dès qu'il aperçut la jeune fille :

« Eh bien ? demanda-t-il, anxieux.

– Oui, naturellement », répondit-elle.

Quelques instants après, tout le monde dans la maison félicitait les fiancés. Sauf Élisabeth bien entendu… et le père de famille. En effet, le docteur avait une secrète préférence pour sa fille aînée et il jugeait la conduite de Tolstoï incorrecte, contraire aux traditions. Prétextant un malaise, il s'était donc retiré dans son cabinet.

Sur la réalité des faits, les journaux intimes de l'écrivain n'ont pas étés pas seuls à nous renseigner. Précieux furent aussi les cahiers de la jeune Sophie et les Mémoires de sa sœur cadette qui nous livre la même version. Léon écrivit à son amie Alexandrine cette nouvelle bien cruelle pour elle :

« Moi, vieux sot édenté, je suis tombé amoureux »…

Le mariage

Les fiançailles furent conclues dans la précipitation et, en une semaine, le mariage fut bâclé. Sans doute, l'impatience de Tolstoï fut-elle pour beaucoup dans cet empressement, mais la maman de la fiancée n'y était pas étrangère. Elle ne savait que trop qu'avec ce « gaillard si changeant », il était préférable de ne pas laisser traîner les choses. Elle se chargea donc d'obtenir le consentement de son mari, car c'était évidemment elle qui faisait la loi dans la maison.

Le docteur était sans fortune et ne donnait aucune dot à ses filles. Pouvait-il repousser un prétendant de cette qualité, à la fois riche et titré?

D'ailleurs, la malheureuse Élisabeth elle-même, une fois calmée, trouva moins humiliant de se montrer magnanime: elle plaida la cause de sa sœur auprès de son père, et obtint gain de cause.

La semaine entre la déclaration des fiançailles et la célébration du mariage ne s'écoula pas sans troubles. La veille de la cérémonie, à son tour, Léon céda à « une tentation de confession », animé sans doute par un obscur désir de revanche contre le tour que lui avait joué Sophie à propos de son « âge mûr ».

Il déclara alors qu'il fallait que sa future épouse, avant de s'unir à lui, le connût « dans sa vérité ». Et il lui offrit son journal où étaient narrés tous ses ébats!

Sans doute, dans sa quête naïve, Tolstoï crut-il que Sophie, telle la Madone tant recherchée, aimerait, malgré, envers et contre tout, ce qu'il était. Il lui envoyait comme un signal : aime-moi avec tous mes défauts, toutes mes horreurs, puisque moi je n'y parviens pas.

Mais Sophie était une enfant ! Il n'avait pas mesuré l'abîme qui séparait cette jeune fille de bonne famille de dix-huit ans d'une nature vigoureuse comme la sienne, déjà marquée par de multiples expériences sentimentales. Ce n'était pas là seulement une maladresse, mais une grave faute. Cette révélation foudroyante produisit sur Sophie, selon ses propres termes, un « effroyable choc » dont elle allait se ressentir toute sa vie.

« Comment peut-il écrire de telles choses ? » se lamenta-t-elle. Le jour même du mariage, quelques heures avant la cérémonie, fixée pour l'après-midi, Madame Bers trouva sa fille en larmes et, à son côté, ce bizarre fiancé qui lui demandait encore et encore « de bien s'interroger sur ses sentiments ».

Cette fois, la maman se fâcha sérieusement et coupa court à la scène. Sans doute, jusqu'à la dernière minute, dans son for intérieur, craignit-elle une dérobade de Tolstoï. Un petit incident le prouve : selon le rite du mariage orthodoxe, le fiancé doit se rendre à l'église le premier ; ce n'est que lorsqu'il y est arrivé qu'un garçon d'honneur vient avertir la fiancée qu'elle est attendue à l'autel. Or, Sophie était prête depuis longtemps. Une demi-heure passa... Aucun garçon d'honneur ne se montrait. L'idée que Léon avait pris la fuite traversa l'esprit de Sophie. L'inquiétude augmenta quand on vit arriver, au lieu du garçon d'honneur attendu, le valet du fiancé, tout essoufflé. Mais ce dernier ouvrit simplement une des malles de son maître pour en retirer... une chemise. Il avait oublié d'en mettre une propre de côté en préparant les bagages et, comme ce jour-là était un dimanche, tous les magasins étant fermés, il n'avait pu en acheter une autre en ville. Enfin, au bout d'une heure encore d'attente, le garçon d'honneur de Léon parut. Alors la mère de la fiancée prit dans ses mains l'icône de sainte Sophie martyre et, derrière l'image sainte, le cortège s'ébranla.

Le mariage fut célébré le 23 septembre 1862 en l'église de la Nativité, au Kremlin. Les mariés partirent le soir même pour Iasnaïa Poliana. Ainsi l'avait voulu la mariée, quoique Tolstoï l'eût laissée libre de choisir entre un voyage de noces à l'étranger et cette installation immédiate à la campagne. Mais « puisqu'elle allait être maîtresse des lieux, autant se familiariser le plus vite possible » ; comme si elle savait qu'il n'y avait pas une minute à perdre. En effet, la jeune ambitieuse ne cachait pas son impatience d'exercer ses prérogatives de maîtresse de maison dans ce « nid de gentilhomme ».

Le frère de Léon, Serge, venu à Moscou pour saluer la fiancée, était reparti la veille du mariage, afin d'assister la tante Toinette pour préparer l'arrivée prochaine des nouveaux époux.

Les adieux, au Kremlin, se déroulèrent « à la russe », c'est-à-dire dans un concert de bénédictions, de larmes et de lamentations. À la lumière des lanternes allumées, la voiture attendait sous une pluie battante. C'était une énorme « dormeuse » à six chevaux, conduite par un cocher, avec un siège à l'arrière pour les valets et pour les malles rangées au-dessus en pyramide. Léon commença à s'impatienter. La mariée dut s'arracher aux étreintes des siens.

Ce premier soir fut lugubre. Après les émotions de la journée, l'épaisse averse d'automne, la fatigue de la route, rien ne fut réellement propice à un doux tête-à-tête, dans cette étrange calèche avec ce surprenant homme « d'âge mûr ».

Comme en témoigne le journal de Tolstoï, l'appréhension allait « accabler » l'épousée qui était encore presque une enfant. L'époux dut risquer une allusion timide aux mystères prochains...

Dans la pesante dormeuse, les corps se rapprochèrent-ils?

Au premier relais, la gêne entre eux reparut. On leur avait donné la suite dite « du tsar » : de vastes chambres d'une solennité grotesque aux meubles recouverts de reps rouge. Une servante apporta l'inévitable samovar. Sophie se tenait dans un coin comme une petite fille effarouchée. Se rappelant plus tard cet effroi, Léon écrira : « Quelque chose de maladif. »

Elle n'osait ni le tutoyer ni l'appeler par son prénom. « Eh bien, lui dit-il, sers le thé ! »

Elle tressaillit, obéit, faisant chaque geste comme dans un rêve. Bientôt, les piaffements dans la cour, les bruits lointains des écuries cessèrent, les voix se turent dans les salles basses. La dernière lampe s'éteignit. Une obscurité opaque enveloppa la maison de poste, et avec l'ombre le déluge qui s'abattait sur le toit...

Le lendemain, Tolstoï nota : « Elle sait tout. C'est simple... »

L'entrée à Iasnaïa s'accomplit selon le cérémonial ancestral. Dans le vestibule, tante Toinette s'avança, tenant l'image de l'Annonciation, et on présenta le pain et le sel. À ce moment, une bouffée d'orgueil gonfla le cœur de Sophie, prosternée à terre.

Le bonheur conjugal

La jeune comtesse était dans « sa » demeure. Chez elle, enfin ! Pendant dix-huit ans, ils ne devaient presque plus quitter ce fief où Tolstoï écrira ses plus grands chefs-d'œuvre.

Depuis la nuit angoissée du relais de la poste, une félicité immense avait bel et bien germé. Le secret de cet amour qui devait ravir les époux durant quinze années réside dans une exceptionnelle entente charnelle. Cette passion, chez Tolstoï, selon son propre terme, fut dès les premiers jours « envahissante, exubérante, enivrante » et ne cessa, jusqu'à un âge avancé, de manifester ses exigences, de puiser dans la vigueur d'un tempérament exceptionnel des forces toujours renouvelées. Car Tolstoï eut toujours ce besoin « essentiel, urgent », comme s'il s'agissait de faire respirer ses poumons.

La jeune comtesse en fut certes un peu effarée, quoique flattée, bien qu'elle arguât souvent que les réalités physiques de l'amour ne furent jamais un plaisir pour elle. Difficile de la croire, même si sur ce terrain, comme sur bien d'autres, Sophie Tolstoï fut inégale à son vigoureux compagnon. Mais une simple mortelle, même amoureuse et ardente, peut-elle égaler un centaure ?

Après le mariage, il apparut assez vite que la jeune comtesse avait mauvais caractère. Avec quel culot, en effet, cette gamine de dix-huit ans imposa son autorité dès son entrée dans le domaine de Tolstoï ! Léon dut accepter ce qu'il

▲ Iasnaïa Poliana,
le fief de la famille Tolstoï.
© Pascal Hinous/Eyedea

▲ Les coupoles des monastères russes
ont toujours réconforté
l'âme tourmentée de Tolstoï.
© Collection particulière

▲ Ivan Tourgueniev, l'ami de Tolstoï
et de Flaubert, et le parrain littéraire
de Maupassant, fut le plus français
des écrivains russes.

▲ Greta Garbo dans l'adaptation
cinématographique d'*Anna Karénine*
par Clarence Brown en 1935.
© BCA/Rue des Archives

▲ Sophie Marceau dans l'adaptation cinématographique d'*Anna Karénine* par Bernard Rose en 1996.

détestait le plus au monde : les scènes, les cris, les larmes, les réconciliations incessantes, qui laissaient dans son cœur d'invisibles blessures.

Pourquoi le toléra-t-il ? Il eût fallu mettre barre à ces emportements d'emblée. Mais c'était déjà trop tard. Son fameux principe de la « non-résistance au mal » puisera ses racines profondes dans les aléas de sa vie personnelle. Plus tard, il fera de ce principe une règle universelle, un article de sa prédication à l'Humanité tout entière.

En décembre, Léon notait que la figure de sa chère tante avait pris, depuis l'arrivée de sa femme, une expression vieillie. En effet, la présence de la nouvelle venue, cette jeune voix qui régentait tout dans la maison, avait immédiatement rejeté Toinette dans le passé. Elle ne fera plus désormais que se survivre.

Le maître de la maison n'était pas seul à pâtir de cette humeur. Bientôt, les serviteurs apprirent à connaître certains coups de sonnette rageurs. Que d'attrapades avec la femme de chambre ! Que d'éclats perçant les cloisons !

Plusieurs fois, dans le courant de l'hiver, les époux furent au bord d'un conflit déclaré. Mais, dans leur relation, l'essentiel était ailleurs ; le journal intime est tout débordant des explosions sensuelles de Tolstoï :

« Je l'aime, alors que, après un long intervalle de silence en tête à tête, je finis par lui dire : "Eh bien, qu'allons-nous faire ?" Et elle rit… J'aime quand elle se fâche contre moi, qu'elle nie, fait tout à coup les gros yeux, veut paraître méchante et me lance un : "Laisse-moi ! Tu m'ennuies !" Une minute après, la voici déjà qui timidement me sourit…

« Je l'aime lorsque, fillette en robe jaune, elle avance la mâchoire inférieure et me tire la langue.

« J'aime à voir sa tête renversée en arrière, et son passionné visage sérieux et effrayé, son passionné visage d'enfant, je l'aime quand… » (5 janvier 1863).

Puis apparut, entre deux querelles, après les tremblements de l'extase, le frisson de l'angoisse mystique : « Nous avons senti tout récemment que notre bonheur était effrayant. Nous nous sommes mis en prière… » (1ᵉʳ mars 1863).

Ajoutons que, si Sophie était jalouse, Léon lui-même était fort ombrageux. Un jour de juin 1863, il s'inquiéta de la sympathie que sa femme témoignait à un étudiant instituteur de Iasnaïa. Un autre jour, il alla jusqu'à hâter le départ d'un visiteur qui s'était montré trop empressé auprès de la comtesse.

Dans les premiers temps, les crises de nervosité, chez Sonia, n'étaient pas sans excuses. Il lui fallut s'acclimater. D'ailleurs Léon, tout frais et dispos après les caresses de la nuit, partait à ses affaires, le matin, tandis que sa femme restait seule durant de longues heures. Parfois, les conversations ennuyeuses de quelques voisins en visite ajoutaient encore à cet accablement. Saler des concombres, surveiller la basse-cour ou tapoter languissamment sur un piano constituaient de bien monotones passe-temps pour cette jeune femme active, habituée à toutes sortes de sorties culturelles dans la capitale. Elle cultivait le souvenir de ses fréquentes sorties au Bolchoï, quand elle habitait avec ses parents au Kremlin. À l'entrée du théâtre, elle aimait tant jeter dans les bras du portier son manteau de fourrure couvert de neige. Coiffée d'un haut chignon, elle foulait le tapis rouge du pas alerte de l'habituée pour entrer dans la salle remplie de monde avec ses lustres étincelants, ses dorures et le pourpre de ses sièges… Désormais, elle était « enfermée » à la campagne.

Ses sautes d'humeur avaient également des causes physiologiques : dès la fin d'octobre, elle s'était aperçue qu'elle était enceinte.

Sous l'influence de Sophie, « cette enfant » qu'il « adorait », Léon fit rapidement table rase de son passé. Elle voulait être la seule et unique « tsarine » du royaume de Tolstoï. Aussi exigea-t-elle de son époux qu'il sacrifiât les traces et les figures du passé de son mari. Notamment Alexandrine.

Les rapports d'amitié amoureuse qu'il entretenait avec sa « grand-mère » agaçaient prodigieusement la jeune mariée. « Elle ne veut pas écrire aux tantes de la Cour », note Léon le 1er octobre 1862. Et il ajoute, comme un aveu : « Elle a tout compris… » Dorénavant, sous l'œil noir de son épouse, il n'osera plus appeler sa tante « grand-mère », mais « ma chère amie Alexandrine » ! Ainsi les liens entre Alexandrine et Tolstoï se relâchèrent progressivement.

Deuxième coup de balai, plus large celui-là : l'école et la pédagogie. Sophie écrivait crûment : « Léon me dégoûte avec son peuple ! Je me dis qu'il faut qu'il choisisse entre la famille, que je personnifie, et le peuple, qu'il aime d'un amour si ardent. »

Le soir même de l'arrivée des mariés, Tolstoï avait remarqué, chez les jeunes instituteurs bénévoles qui enseignaient aux enfants des moujiks, une attitude embarrassée, sinon méfiante. Ils se dirent « surpris ».

En effet, la jeune comtesse, selon son élégante formule, ne pouvait pas « blairer » ces jeunes gens. Comme elle ne cachait point son antipathie, la situation devint vite impossible. Et à peine dix jours s'étaient écoulés que Léon avait abandonné ses collaborateurs.

« Les ivresses des nuits enchantées » apaisèrent vite ses éventuels scrupules. Désormais, sa femme gardait la clé de sa maison aux sens propre et figuré. Même enceinte, Sophie portait à la ceinture l'énorme trousseau des maîtresses des grandes demeures de jadis. Ces clés sur ce ventre : fécondité et commandement, les deux marques de la puissance de la jeune « tsarine »...

Sophie donc prit le pouvoir. Elle en payerait le prix. On sait quelle haine profonde les disciples de Tolstoï éprouvèrent pour elle durant de longues années. Mais Tolstoï, sans sa femme, eût-il écrit ses chefs-d'œuvre ?

Dans le domaine littéraire, c'est en qualité de copiste qu'elle servit son mari. Mais sa présence agissait sur Tolstoï comme un ferment, à tel point que, pendant leurs quarante-huit ans de vie commune, elle fut sans conteste sa confidente la plus proche, sinon son égérie, intimement liée à l'élaboration des œuvres. Elle l'aidait, l'entourait de soins et de sollicitude, le délivrait des tâches de la maison, se vouait à sa santé, à son bien-être, bientôt à sa gloire. Cinq mois avant sa mort, lui-même porta sur Sophie cet ultime jugement :

« Si tu crains que certains passages de mon journal, écrits sous le coup de nos différends et de nos heurts, puissent être utilisés plus tard par des biographes malveillants à ton égard, (...) si c'est cela que tu crains, je suis heureux de saisir l'occasion de définir mon attitude envers toi et mon jugement sur ta vie.

« Le voici. De même que je t'ai aimée depuis ma jeunesse, de même, je n'ai jamais cessé de t'aimer... Quant à ta vie, voici comment je la juge.

« J'étais, quand je t'ai épousée, un homme débauché, foncièrement dépravé au point de vue sexuel, je n'étais plus de la première jeunesse ; toi, tu étais une jeune fille de dix-huit ans, pure, bonne et intelligente. En dépit de mon passé de vice et de corruption, tu as vécu près de cinquante ans avec moi, en m'aimant et en menant à mes côtés une dure existence de labeur, donnant naissance à nos enfants, les nourrissant, les élevant et nous soignant tous, sans céder jamais aux tentations qui auraient pu si aisément séduire une femme dans ta situation, robuste, saine et belle. Tu as vécu sans que je puisse t'adresser le moindre reproche. Je ne puis, en effet, te faire grief de ne pas m'avoir suivi dans mon évolution spirituelle si particulière, car la vie spirituelle d'un individu est un mystère entre cet individu et Dieu, et il n'a de comptes à rendre à personne. Si je t'en ai jamais demandé, j'ai commis une erreur et je m'en repens » (14 juillet 1910).

Guerre et Paix

L'existence menée à Iasnaïa Poliana entre 1863 et 1880 fut la plus propice à la naissance de chefs-d'œuvre. L'élaboration d'une épopée telle que *Guerre et Paix* supposait une assiduité, une continuité, une persévérance qui elles-mêmes requéraient une vie calme, en harmonie avec cette tâche gigantesque. Et la comtesse servit amplement la cause des lettres.

Accomplit-elle cette formidable tâche à son insu, voire malgré elle ? Pas tout à fait. Certes, elle y trouvait son compte, mais elle connaissait très bien la véritable mission de Tolstoï sur cette terre.

L'entrée de Sophie dans la vie du romancier lui avait inspiré une nette impression de plénitude : « Je ne me rappelle pas avoir depuis longtemps ressenti un tel désir d'écrire, aussi fort, aussi confiant et assuré » (23 janvier 1863). C'est ce désir qui aboutira à *Guerre et Paix*.

À la fin de cette année, Tolstoï se disait « plongé dans un grand travail » : le début d'un roman historique. Son intérêt finit par se fixer sur l'époque des guerres contre Napoléon ; le titre *Guerre et Paix* ne sera donné que beaucoup plus tard, quand le roman sera presque achevé.

L'auteur se proposait de peindre une société, l'atmosphère d'une époque. Les personnages imaginaires y sont parfaitement mêlés à des fait réels, entrelaçant leurs intrigues romanesques aux événements authentiques. D'ailleurs Tolstoï était persuadé que les actes historiques ne présentaient qu'un « miroir déformant ». Selon lui, une réalité bien plus profonde, une sorte de fatalité obscure déterminait le cours des événements. Dans son roman, la supériorité de Koutouzov, le général russe borgne qui s'endort pendant les séances de conseil, réside dans sa faculté à s'abandonner à ces forces cachées, alors que Napoléon, « outrecuidant et agité », « s'imaginait tenir dans sa petite main grassouillette les foudres de Jupiter ».

Tolstoï avait dit dans une note annexe : « J'ai commencé à écrire une évocation du passé. En décrivant ce passé, je me suis aperçu que, non seulement il était peu connu, mais que ce qu'on en connaissait était décrit d'une manière contraire à la vérité… Je me suis efforcé d'écrire l'histoire d'un peuple…

« L'art a ses propres lois. Et, si je suis un artiste et si Koutouzov a été bien décrit par moi, ce n'est pas parce que je l'ai voulu ainsi (je n'y suis pour rien), mais c'est parce que ce personnage relève de canons artistiques et d'autres, pas… Dieu sait qu'il existe beaucoup d'admirateurs de Napoléon, mais aucun poète n'a encore pu recréer son image, et ne le pourra jamais. »

En attendant, à Iasnaïa, la neige s'amoncelait devant les portes fermées des écoles. Les anciennes passions, autrefois si puissantes dans le cœur de cet aristocrate, semblaient s'être maintenant dissipées, pareilles aux fumées qui se tordent sur les toits de chaume. La voix grondeuse de la comtesse résonnait, couvrant les cris de son fils malade de la variole et les vagissements de la dernière née. À l'arrière-plan couraient les murmures d'une foule idéale, la rumeur des héros imaginaires qui demandaient à vivre et déjà s'agitaient. Natacha Rostova, jeune fille vibrante et séduisante, aimée de tous, éprise de quelques-uns, bonne, droite, sincère, mais gouvernée par sa sensibilité, traverse tout le roman, laissant derrière elle une formidable traînée de poudre d'or. Le parfum de l'amour l'entoure du début à la fin de l'œuvre. Fiancée au prince André, le seul homme qu'elle aime véritablement, Natacha se prend d'un engouement fatal pour le mauvais sujet qu'est Kouraguine; désabusée à temps, elle retrouve André mourant de ses blessures et le soigne avec un morne désespoir.

Il y a dans toute cette partie du livre une étude géniale, inexorable comme la vie, fatale comme le malheur. Tout converge pour hisser le roman à l'universalité: l'intérêt fébrile né de l'action et l'observation savante du cœur. Après la mort d'André, Natacha finit par épouser le brave Pierre, qui l'aime en secret. Ainsi allaient les choses selon Tolstoï, qui sacrifiait toutes les conventions au besoin de « peindre la vie telle qu'elle était ».

Durant l'été 1866, les visiteurs ne manquèrent pas à Iasnaïa Poliana. Le travail littéraire s'en trouva un peu ralenti. Cette année-là, l'orchestre d'un régiment, en manœuvres dans la région, vint jouer durant les dîners, sous les arbres. Des lanternes vénitiennes suspendues à un fil de fer, entre les piliers de la terrasse, répandaient de molles lueurs vermeilles sur les robes de mousseline. Le comte Léon s'empressait autour de ses invités et jetait à la dérobée sur sa femme un regard plein d'amour. Les hôtes toujours nombreux (habituellement vingt personnes à table) partaient en bande à travers bois, ou bien organisaient les pique-niques traditionnels.

En novembre, Léon se rendit seul à Moscou. Son but était d'y consulter divers ouvrages ayant trait à l'époque de 1812. Dans le courant du même mois, il eut la curiosité de visiter le champ de bataille de Borodino, à l'ouest de Moscou. Pendant deux jours, sous les grosses pluies mêlées de neige, il parcourut en tous sens la vaste plaine brumeuse, entre-coupée de mamelons et de ravins, où s'était déroulée, cinquante-quatre ans auparavant, l'horrible carnage, dit par les Français « la victoire de la Moskova » et par les Russes « la victoire de Borodino ».

De retour à Moscou, Léon écrivit à sa femme : « Que Dieu m'accorde seulement la santé et la tranquillité, et je ferai une description de la bataille comme il n'en existe pas encore. » C'est l'année suivante que parurent en librairie les deux premières parties du roman. En juin 1867, les premiers placards sortirent des presses sous le titre de *La Guerre et la Paix*, que Tolstoï emprunta au livre de Pierre-Joseph Proudhon, publié dans la collection Hetzel en 1861 et traduit en russe en 1864.

Une chaude lumière enveloppait Iasnaïa Poliana ; le ciel était bleu ; sous les tilleuls de l'avenue s'allongeait une nappe de parfums ; la rumeur des invités emplissait la maison ; et l'on entendait, du côté de la rivière, les rires des baigneurs derrière les saules. Le bonheur conjugal renforçait cette atmosphère dorée des joies de la création artistique. Dans son cabinet voûté, Tolstoï se sentait si bien !

Un orage inattendu vint assombrir cette ambiance feutrée. Sophie se crut de nouveau enceinte. Un jour qu'elle rangeait des chiffons, dans une chambre du premier étage, assise sur le plancher devant le tiroir d'une commode, Tolstoï entra. Une brusque fureur le saisit. « Lève-toi, ordonna-t-il, d'un ton dur, lève-toi, immédiatement ! » Puis il dégringola l'escalier et se retira dans son cabinet. Sa femme l'y rejoignit. Dès qu'elle se montra, il se mit à hurler : « Dehors ! Dehors ! » cependant qu'il jetait à terre un plateau sur lequel étaient posées une cafetière et une tasse, et que, décrochant un thermomètre, il le brisait contre le mur… Sa face était d'une pâleur terreuse. Selon le témoignage de sa belle-sœur, présente lors de cette scène, « il avait l'air d'un fou, et sa lèvre inférieure tremblait ».

Tolstoï nous apparaît là sous un angle inconnu, même si cette explosion de violence sera unique pendant toute la durée de son mariage. D'autres éclats viendront, mais ce ne sera plus lui mais sa femme qui élèvera la voix. Une série de contrariétés l'explique peut-être. À cette époque, la comtesse avait engagé une nurse anglaise, inaugurant ainsi un nouveau train de vie allant à l'encontre des préceptes de son mari. Bien qu'il réprouvât cette décision, il se tut. Mais, en sourdine, il persistait et signait. Tolstoï n'était pas homme à renoncer à ses convictions : en 1866, il proclamait haut et fort ses idées, défendant le soldat Vassili Chibounine accusé d'avoir frappé un supérieur. Le soldat fut condamné à mort et exécuté le 9 août. Le romancier écrira bien plus tard, le 24 mai 1908 :

« Cet événement a eu sur ma vie une influence beaucoup plus grande que beaucoup d'autres, qui pouvaient sembler plus importants, tels la perte ou l'accroissement de ma fortune, mes succès ou des échecs littéraires ; même la disparition de certains de mes proches. »

Dompté par sa femme, le lion rugissait par intervalles. Alors il cassait tout, se vengeant sur la vaisselle ou sur un thermomètre… Il faut ajouter que l'énorme travail effectué depuis quatre ans avait aussi abîmé sa santé, et peut-être détérioré son système nerveux : il souffrait de migraines, se plaignait de douleurs au foie.

L'été de 1867 fut aussi la saison où la sœur cadette de sa femme, Tatiana, appelée par Léon « l'étincelante petite amazone », « la Diane de Scythie », épousa son cousin. Tolstoï appréciait sa belle-sœur au point de susciter de violentes scènes de jalousie chez Sophie. Il en sera de même quand une autre jeune fille, Varia Tolstoï, la nièce de Léon, la fille aînée de sa sœur, se fiancera en 1872. L'oncle avait aussi toujours eu un faible pour cette enfant. Voici dans quels termes il annoncera la nouvelle à son amie Alexandrine : « Ma nièce, ma préférée, se marie. J'éprouve pour la première fois ce sentiment de père cruel qu'on voit dans les comédies. Quoique ce jeune homme ne paraisse pas mauvais, je l'aurais tué si je l'avais rencontré par aventure à la chasse. Avec mon air sombre, je gâte leur prétendu bonheur d'enfants, mais je ne puis faire autrement. Dieu me préserve de vivre jusqu'à l'âge où mes filles seront fiancées.

« C'est un sentiment de sacrifice, d'immolation sur l'autel d'une terrible et cynique divinité. »

L'homme, encore vigoureux, éprouvait-il un goût sensuel pour les toutes jeunes filles ? L'instinct de sa femme ne la fourvoyait sans doute qu'en partie : son exorbitante jalousie n'était donc pas si insensée. Léon reconnaissait lui-même son attrait envers « ce qui est pur et intact ». Après tout, n'était-ce pas cette même tendance qui l'avait poussé à se marier avec Sophie lorsqu'il avait trente-quatre ans, et elle dix-huit ans à peine ? Néanmoins, il s'astreignait à une stricte moralité, réprimant des impulsions qui éclataient de temps à autre.

Y avait-il, dans l'âme de Tolstoï, « un grain », une faille cachée à l'origine de son instabilité ? C'est peut-être par là que passaient les flèches de Dieu : son désarroi mental fut une des facettes de son génie.

L'amour passionné et l'exaltation dans le travail l'éloignèrent-ils du précipice où sa sensualité volcanique menaçait de le précipiter ? En tout état de cause, en 1867, Tolstoï avait décelé en lui-même ces ombres terrifiantes. Mais, à l'époque, elles prenaient la forme d'un constat. Durant l'été de 1868, il écrivit à Alexandrine : « Je songe de plus en plus souvent à la mort, et toujours avec un nouveau plaisir. »

Quand il était jeune, il s'enorgueillissait de savoir monter à cheval, nager, lutter mieux que ses camarades. C'était là sa grande fierté. Désormais il se plaisait à songer que le plus difficile dans la vie était de « faire le plongeon là-bas ». Et cela lui procurait « une jouissance grave et douce ».

La tentation de l'abîme

Cette première crise aiguë coïncida avec le moment où Tolstoï mettait la dernière main au sixième volume de *Guerre et Paix* : l'automne 1869. Sa grande œuvre terminée, il ne restait plus qu'à en revoir sur épreuves les derniers feuillets déjà composés.

En septembre, Léon partit pour Penza, une propriété qu'il avait acquise à l'est, en direction de la Volga. Ce dépaysement produisit sur lui un choc. Il n'éprouva pas ce sentiment de liberté qu'il recherchera constamment plus tard, à un âge avancé, ni ce bonheur d'évasion autrefois goûté au Caucase. Il était tout simplement triste d'être coupé de sa famille.

Son ardente épouse lui manquait donc, cette même femme qu'il avait failli battre un mois auparavant, lors de son mémorable accès de colère. Sophie était restée à Iasnaïa Poliana, qui n'était plus seulement la maison natale où sa chère vieille tante radoteuse veillait sur les anciens souvenirs. C'était maintenant son foyer. Et l'homme découvrait à quel point il était attaché à « son nid », à sa femme, aux berceaux, par « de douces et indestructibles chaînes ».

Sur la route, en ce 2 septembre 1869, Tolstoï s'arrêta dans une auberge « d'apparence éminemment banale ». Dans la cour, on détela les chevaux. L'hôtelier, son bonnet dans une main, conduisit le comte dans sa suite sous la lumière d'un flambeau.

Sur le seuil de la chambre, Léon eut une sorte de spasme. La pièce était grande, les murs étaient d'une blancheur immaculée, les portes et les boiseries d'un rouge sombre miroitant à la lueur des bougies. Ces formes et ces couleurs provoquèrent en lui un étrange malaise, « comme si quelque menace était cachée derrière les apparences ».

Qu'y avait-il là de si extraordinaire ? Songea-t-il à une autre auberge, à une autre arrivée dans la nuit ? À sa première soirée des noces, à l'accomplissement du mystère nuptial, à cet inoubliable bruit d'averse d'automne ?

Il vit la chambre plongée dans d'opaques ténèbres. Au cours de la nuit, quand il eut soufflé la chandelle, il fut pris d'une crise étrange, « une angoisse, une terreur, un effroi » qu'il décrira plus tard dans les *Notes d'un fou*.

Pourquoi, de nouveau, cette frayeur ? Une voix grave, une voix intérieure lui répondit : « Parce que je suis là ! » Et Léon, si courageux sous les balles du Caucase, se mit à trembler. Il ralluma à tâtons la chandelle, découvrant la blancheur des parois, les reflets sanglants des boiseries. Alors il sauta hors de son lit et sortit dans le couloir : elle était effectivement là, présente, « celle à qui nul n'échappe ! », et le suivait dans le corridor… Une sueur froide l'inonda, un fard épais, comme celui qui poissait, lors de cette douce soirée d'été, à Hyères, quand son pauvre frère Nicolas, agonisant, avait crié : « Qu'est-ce que c'est ? » Maintenant, c'était son tour, « la fin de la partie ». Elle le guettait. « Condamnés, nous sommes tous condamnés ! »

À quoi bon cette nouvelle propriété, ici ou ailleurs ? À quoi bon écrire des romans ? Il secoua son domestique : « Debout, debout, nous partons ! Vite ! Qu'on attelle ! Tout de suite ! »

Rentré dans la chambre, il se laissa choir sur le divan, en proie au « vertige de la mort », à la « tentation de l'abîme »…

Quand il rouvrit les yeux, il faisait jour. La voiture avait longtemps attendu, puis on l'avait dételée, respectant son sommeil. Son domestique entra, portant le samovar à bout de bras, un sourire malicieux aux lèvres. Il tira les rideaux. Le soleil ruisselait à flots, éclairant une chambre banale : aux murs, un lait de chaux qui s'écaillait. Tolstoï se leva, dispos, l'esprit dégagé. Bientôt, il reprit le chemin de retour, pressé de retrouver son foyer et sa petite Sophie...

De retour à Iasnaïa, Léon, habituellement volubile, demeura silencieux. Le soir, alors que la nuit étoilée éclairait étrangement le parc, il proposa à sa femme une promenade et lui conta cette histoire à laquelle il attribuait une importance quasi mystique. Cette conversation allait être à jamais gravée dans le cœur de Sophie, comme l'expression sublime de l'amour et du désespoir.

Tolstoï hésite

Qui fut le vrai Léon Tolstoï? Un grand romancier? Ou un prophète, inventeur d'une doctrine qui marqua tant de destins au XXe siècle, de Romain Rolland à Gandhi?

Cent ans après sa mort, cette querelle est dépassée: Tolstoï nous apparaît d'abord, au-delà du doctrinaire, comme un génie de la littérature. Mais pendant longtemps, cette lutte intérieure entre deux facettes de sa personnalité battra son plein.

De 1869 à 1873, sa dépression se traduisit par un fléchissement de son activité créatrice. Il avait terminé sa grande épopée. Sans doute l'œuvre de sa vie.

Bien qu'il connût alors une gloire immense, il se sentait las. Il ne se confiait plus à son journal intime. Au reste, depuis que Sophie le lisait, ses notes étaient devenues un moyen détourné de correspondance entre le mari et sa femme, sinon un prolongement, par écrit, de leurs incessantes querelles.

Cependant, sa curiosité intellectuelle restait intacte. Peut-être même trop intense. Il s'épuisait à la recherche de nouvelles sources d'inspiration, feuilletant des recueils de contes populaires russes où il étudiait le drame, relisant Shakespeare, Molière, Goethe, Gogol. L'histoire de Pierre le Grand le fascinait. Il rêvait d'écrire, sur cette époque, une pièce de théâtre ou un roman. Dans ce dessein, il entassera des notes pendant trois ans, sans parvenir à se mettre au travail. Ce même été 1869, Tolstoï lut Kant et Schopenhauer, qui l'enthousiasmèrent au point de lui procurer des « jouissances spirituelles » encore jamais éprouvées.

« J'y trouve un reflet incroyablement net et beau de l'univers tout entier... Je doute qu'aucun étudiant ait, au cours de ses études, autant appris que moi, durant cet été » (Lettre à Fet, le 30 août 1869). Puis, convaincu que sans connaissance de la langue grecque, il n'y avait pas de « vraie instruction », il commença à étudier le grec et se livra entièrement à cette nouvelle passion. Lisant du matin au soir Xénophon, il se sentait « heureux » : « Je vis tout entier à Athènes. La nuit, je parle grec », écrivit-il.

L'exploitation rurale ne l'intéressant plus, la charge en retomba sur les épaules de son épouse qui s'agitait pour mieux gérer l'accroissement de la richesse familiale issue des sommes considérables perçues en droits d'auteur après la publication de *Guerre et Paix*. Sophie remplaça l'intendant, « qui avait une femme trop jolie ».

L'antique palais de bois était devenu trop étroit. La comtesse y fit ajouter une aile. C'est là que fut transporté le salon où devaient être accueillis tant d'hôtes de marque, venus de tous les coins du globe. La bibliothèque fut installée au rez-de-chaussée. La demeure de Tolstoï prit alors une autre allure. Le nombre des domestiques augmenta. Le personnel était en grande partie composé de paysans et d'anciens serfs. Mais à côté de ce groupe de villageois apparurent bientôt les valets en livrée, gilets rouges et gants blancs. Autour des enfants gravitaient les institutrices françaises et les gouverneurs allemands et anglais.

Après la grande allée bordée de bouleaux, on découvrait une charmante gentilhommière flanquée de deux petites tours rondes coiffées de vert.

Dans le vestibule trônait l'horloge anglaise du XVIIIe siècle que nous avons évoquée. Le fils aîné du comte accueillait habituellement les visiteurs, puis les priait d'attendre, le temps d'aller prévenir son père de leur arrivée. Parfois, des cris s'élevaient : Tolstoï et sa femme étaient en train de se disputer dans la salle à manger. C'était une vaste pièce avec des tableaux de famille, un samovar d'argent et un piano noir, où tout le monde se retrouvait, les enfants, les amis, les familiers, les invités. Le délicieux fumet d'un gigot à l'ail – un plat que Sophie affectionnait – laissait espérer aux visiteurs une réconciliation rapide, mais, de nouveau, des exclamations et des sanglots interrompant la voix courroucée de Tolstoï se faisaient entendre. Les scènes se déplaçaient, des portes claquaient... La comtesse Tolstoï apparaissait alors, l'air quelque peu gêné. C'était une femme encore belle, aux grands yeux noirs, et dont la voix tranchante avait un accent presque mâle.

Vers trois heures de l'après-midi, la cloche du domaine sonnait. Tolstoï se tenait sur le perron, martelant le sol de sa canne. C'était l'heure de la promenade. Non loin de la maison, au bout de la plantation de sapins, dans une allée étroite, les promeneurs s'asseyaient quelques instants sur le banc favori de l'écrivain en perches de bouleaux, et poursuivaient leur route. Tolstoï marchait à côté de ses invités à grandes enjambées, à travers cette campagne dont il connaissait tous les secrets. Les narines dilatées, dominant une large figure aux pommettes saillantes et aux oreilles énormes sous les cheveux agités par le vent, il humait l'air avec gourmandise. Il marchait vêtu de sa blouse paysanne, la longue barbe flottant, l'œil perçant. De temps à autre, il mordillait une herbe ou arrachait une fleur dont il respirait le parfum avant de la laisser tomber négligemment, au hasard des gestes dont il ponctuait ses paroles. Il adorait parler de la nature, de la Russie, de Dieu, de la mort...

« Là, il y a la mémoire de la famille exprimée par mes ancêtres, exprimée en moi par mon caractère. Il y a la mémoire universelle, divine, spirituelle. C'est celle que je connais depuis le début du commencement, et d'où je proviens. »

Une allée de noisetiers prolongeait la façade nord de la maison. Devant son péristyle, se dressait un orme centenaire, appelé « l'arbre des pauvres », sous lequel, chaque jour, paysans, pèlerins ou mendiants, attendaient le comte pour lui demander aide et avis.

Tolstoï débordait de force. L'été, on le voyait jouer au tennis avec ses enfants et courir lestement après les balles. Il faisait toujours siffler la cravache au-dessus de sa jument, lorsque, après vingt kilomètres d'un violent galop, elle s'arrêtait ou regimbait. En hiver, il n'hésitait pas à plonger dans l'eau glacée et s'adonnait au patinage. Il s'y montrait fort habile, cinglant et virevoltant à reculons.

Le « demi-dieu » payait cher ses audaces : il souffrait de maux d'yeux, d'insomnie. Une idée fixe commença à hanter son esprit : ce qu'il appelait « l'immersion spirituelle ». Cette obsession le conduisit à un ascétisme et à un renoncement d'autant plus compréhensibles que les coups du destin n'épargnaient pas sa famille.

L'année 1871 fut marquée par la venue d'un cinquième enfant, une fille, Marie, dont la naissance faillit coûter la vie à la mère. Un an après, Sophie accouchait d'un fils, mais ce denier mourut à dix-sept mois, le 9 novembre 1873, enlevé par le croup en deux jours. En 1874, septièmes couches : un petit Nicolas vint au monde. Il ne vécut que dix mois et fut emporté par une méningite en février 1875. Les popes vinrent prier autour du petit cercueil rose. « Ces prières, ces vieilles paroles slavonnes reflètent exactement la sorte d'émoi métaphysique que l'on éprouve en pensant au Nirvana », dira plus tard Tolstoï.

L'automne suivant, en novembre, Sophie, de nouveau enceinte, fut prise de douleurs, prématurément. Elle accoucha avant terme d'une petite fille, qui ne vécut que trente-six heures. La santé de cette femme féconde laissait à désirer. Au début de 1877, elle se rendit à Saint-Pétersbourg consulter le médecin de la Cour. Elle en revint rassurée. Mais la même année, elle était grosse pour la neuvième fois et accouchait d'un fils : André.

Exténuée par les grossesses successives, et mortifiée par la perte de ses petits en bas âge, Sophie commença à haïr le comportement lubrique de son époux, qu'elle qualifiait d'« anormal ». Les malheurs ne viennent jamais seuls. Sa sœur Tatiana, qui avait suivi au Caucase son mari, nommé juge au tribunal, perdit, en mai 1873, sa fille aînée, âgée de cinq ans. C'était la nièce préférée de Léon. Cette mort fut douloureusement ressentie à Iasnaïa. Les deux sœurs étaient toujours très liées. Lorsqu'elles nourrissaient en même temps un bébé, s'il arrivait que l'une fût obligée de s'absenter pour quelques heures, l'autre restait à la maison et allaitait les deux petits.

D'autres départs vinrent endeuiller la famille, la disparition des vieilles vies, entraînant dans la tombe tant de souvenirs. Le 20 juin 1874, la douce tante Toinette s'éteignit à l'âge de soixante-dix-neuf ans. Depuis quelques années, elle « baissait », s'absentait, confondant le passé et le présent, mêlant les époques. De l'une à l'autre s'opéraient de mystérieux échanges, où les moments les plus beaux étaient virés au compte d'un seul grand amour. « Quel enrichissement ! quel miracle ! disait Tolstoï, ce qu'on avait pu croire qui n'avait pas été, se réalisait enfin. »

Quand, le soir, il lui rendait visite, il s'approchait de son fauteuil et Toinette l'accueillait ainsi : « C'est toi, Nicolas ? » Elle le prenait pour son père qu'elle avait tant aimé... Elle lui prenait la main, cette large main rouge, dans sa pâle petite main ridée, et pleurait. Larmes de reconnaissance et de bénédiction! Que l'homme adoré fût mort depuis trente-sept ans, balivernes! Qu'il eût épousé une autre femme qu'elle, impossible! Il était bien là. Et lui parlait… Mais pourquoi le bien-aimé s'obstinait-il donc à l'appeler « ma tante »? Et pourquoi s'en allait-il si vite?

Léon s'en allait parce qu'il commençait à avoir peur. Peur de cette hallucination, peur des parallèles redoutables. Il restait plusieurs jours sans avoir le courage de venir, sous l'icône noire du Sauveur encadrée d'argent, saluer sa chère tante.

Écrivant à son amie Alexandrine pour l'informer de sa mort, il s'exprima en ces termes:

« Voici à peu près trois ans qu'elle avait cessé d'exister pour nous. Aussi (était-ce bien? était-ce mal?) je l'évitais et ne pouvais la voir sans un sentiment de souffrance. Maintenant qu'elle n'est plus (et son agonie fut lente et pénible comme un long accouchement), tout mon cœur se reporte vers elle, avec plus de force encore que par le passé. C'était une créature admirable… »

L'été suivant, vint à débarquer à Iasnaïa l'ennemie jurée de la défunte, une autre tante, Uchkova. À quatre-vingts ans, l'ancienne mondaine impérieuse, aux manières aristocratiques, n'avait rien perdu de sa vivacité ni de sa morgue. Elle venait du couvent où elle se morfondait d'ennui. Son dessein était de s'installer désormais chez son neveu pour y finir ses jours. La place n'était-elle pas libre, maintenant?

Elle prit donc sans gêne la possession de la chambre voûtée que tante Toinette avait occupée durant vingt-huit ans, fit enlever des coffres le linge de la défunte pour y mettre le sien, et disparaître de dessus la commode les travaux en perles et les gelées de fruits.

Victoire à la Pyrrhus! Mais l'année n'était pas achevée que, devant l'icône noire à la robe d'argent, la vieille dame disparaissait sans avoir eu le temps d'accomplir le pèlerinage qu'elle avait projeté. Iasnaïa se trouvait sur la route des pèlerins. Chaussés de tille, cette petite peau qui se trouve entre l'écorce et le bois du tilleul, ou pieds nus, ceux-ci défilaient du matin au soir, les uns allant vers les sanctuaires du sud, les autres vers le nord, vers les saintes chapelles de Moscou. Désormais, chaque jour, le comte Léon lui-même se rendait sur cette route, tels les ours sibériens des contes russes qui venaient étancher leur soif aux sources sacrées de la taïga. Il lui arriva même de passer une nuit entière à contempler les étoiles.

À côté des pèlerins, Tolstoï médita souvent sur les aléas de son destin, jusqu'à ce qu'il comprît qu'il devait changer le cours de sa vie : les bases mêmes de sa vie familiale.

En cette année 1871, l'expression de son visage sombre, marqué de profondes rides, révélait son trouble intérieur ; les hésitations, les contradictions, les doutes qui habitaient son âme. La comtesse, renseignée aussi sans doute par d'autres signes qu'elle était seule à connaître, s'alarma. Sans y rien comprendre.

Sans doute songea-t-elle que Léon grisonnant commençait tout simplement à vieillir. Mais Tolstoï donna à « sa chère confidente » Alexandrine une tout autre explication :

« Je me suis senti malade, saisi d'un tel dégoût pour cette oisiveté, ce luxe, ces fortunes malhonnêtement acquises, cette dépravation qui a gagné toutes les classes de la société. Le seul événement nouveau et digne d'être mentionné, c'est l'école de Iasnaïa Poliana qui s'est reconstituée toute seule et m'occupe beaucoup. »

À l'époque, il ne travaillait qu'à son *Abécédaire* qui occupait tout son temps et dans lequel il avait mis toute son âme.

Les années suivantes s'écoulèrent pour l'écrivain sous le double signe d'une intense activité créatrice et d'une profonde évolution intérieure qui devait aboutir à la plus grande crise de sa vie et à la rédaction, en 1879, de *Ma Confession*, où le moraliste prenait le pas sur l'artiste.

Anna Karénine

Artiste, Tolstoï ne le demeurait pas moins. Le 28 octobre 1870, il notait dans son carnet : « La poésie est une flamme qui s'allume dans l'âme d'un homme. Cette flamme brûle, réchauffe et éclaire. Le vrai poète se consume malgré lui, souffre, et brûle les autres. Tout est là ! »

Durant quatre années, Léon s'attela à la rédaction de son deuxième grand roman. Le déclic se produisit quand, en 1872, la maîtresse d'un de ses voisins se suicida en se jetant sous un train. On retrouve le prénom et la fin tragique de cette femme dans *Anna Karénine*.

Sophie, ravie de voir son mari revenir à la création littéraire, écrivit à sa sœur : « Hier (19 mars 1873), Léon s'est mis tout à coup à écrire un roman sur la vie contemporaine. Le sujet ? Une femme infidèle et tout le drame qui en résulte. Je suis très heureuse. »

Le cadre du drame revêt une signification symbolique : le chemin de fer fut l'un des puissants emblèmes de la nouvelle civilisation désirée par le tsar Alexandre II.

Tolstoï raconta lui-même, dans une lettre à Strakhov (25 mars 1873), comment lui vint l'idée du début son nouveau roman :

« Presque tout le temps, cet hiver, je m'occupais de Pierre le Grand, c'est-à-dire que j'essayais d'évoquer des fantômes de cette époque, quand, tout à coup, ma femme m'apporta un volume de Pouchkine (…) Je pris ce volume et le relus, je crois, pour la septième fois tout entier, ne pouvant m'en détacher et avec l'impression de le lire pour la première fois. Et, de plus, cette lecture sembla résoudre tous mes doutes. Je ne m'étais encore jamais enthousiasmé à ce point pour rien, pas même pour Pouchkine…

« Il y avait là, notamment, un fragment qui commençait par : "La veille de la fête les invités commencèrent à affluer à la villa"… »

Ce début abrupt et qui introduit aussitôt dans le vif du sujet enchanta tellement Tolstoï qu'il rédigea sur-le-champ la première phrase d'*Anna Karénine* : « Les familles heureuses se ressemblent toutes ; les familles malheureuses sont malheureuses chacune à leur manière… »

Si Anna, épouse d'un haut fonctionnaire de l'administration impériale et mère d'un enfant de huit ans, s'abandonne à son amour, c'est que celui-ci répond à un besoin profond de son être total, corps et âme réunis :

« Je suis comme un homme affamé à qui on donne à manger », répond-elle à son amant Vronski lorsque celui-ci se reproche de l'avoir rendue malheureuse en l'aimant.

Et cette femme pleine de vie, de charme et de spontanéité, ose se « brûler ». Rappelons les premiers troubles d'Anna, durant la nuit de voyage entre Moscou et Saint-Pétersbourg, alors qu'elle comprend l'état de son cœur. Elle aperçoit un jeune officier, beau et chevaleresque, à la portière du wagon, elle devine qu'il la suit, elle entend l'aveu jeté dans la nuit.

La volupté de la neige, ce froid délicieux du poison insinue sa caresse dans chaque veine… La volonté s'abandonne, le rêve commence : les salons huppés de Moscou et de Saint-Pétersbourg, un bal, au théâtre, la chasse et surtout cette inoubliable scène aux courses où Vronski provoque par un mouvement maladroit la chute et la mort de sa merveilleuse jument. Cet épisode est capital dans le déroulement de l'action et, par son érotisme allusif, revêt un caractère symbolique.

Dans *Le Roman russe*[1], Melchior de Vogüé explique que Tolstoï, suivant sa méthode inimitable, profilait toutes les choses extérieures pour plonger dans les allées sombres de l'âme humaine : « Cette succession d'images, nous la voyons par les yeux de l'héroïne, nous ne pouvons plus la voir autrement. »

Quand, au matin, Anna descend sur le quai de la gare où son mari l'attend, une exclamation naïve nous révèle le travail qui s'est fait en elle : « Ah ! Mon Dieu, pourquoi ses oreilles sont-elles devenues si longues ? », éclairant la situation d'un seul trait. L'héroïne ne tarde pas à céder à une passion réciproque, qui éclate bientôt au grand jour, au grand dam de son entourage aristocratique et mondain. Depuis ce premier frisson jusqu'à la dernière convulsion de désespoir qui la conduit au suicide, le romancier ne quitte plus l'intérieur de ce cœur dont il note chaque battement.

Anna a tout abandonné pour suivre son amant ; elle s'est placée dans des conditions de vie si funestes qu'elles débouchent sur l'impossibilité de vivre et suffisent à expliquer sa résolution, alors que, si son amant n'hésite pas à renoncer à son ambition et à briser sa carrière pour la femme qu'il aime, il n'est pas de nature à répondre à l'exigence de l'amour absolu que lui porte Anna. Sa mort est aussi un symbole : elle est à la fois désespoir et protestation contre l'homme qu'elle aime et la société qui la repousse.

Tolstoï mit en exergue une citation du Deutéronome (XXXII, 35) : « À la vengeance, et la rétribution. »

Le fait-divers à l'origine du roman, assez banal, n'avait que peu de rapport avec l'histoire. Le voisin de Tolstoï,

---

1. L'Âge d'Homme, Genève, 1974.

chasseur de bécasses, homme fruste et sanguin resté veuf à cinquante ans avec un garçon et une fille, entretenait dans sa maison une parente pauvre. Cette Anna, nièce de sa défunte femme, avait de grands yeux gris et des formes attrayantes. Elle devint naturellement sa maîtresse. Jusque-là, rien d'extraordinaire.

Seulement l'homme était volage, et la demoiselle, fort exigeante. Elle se refusait à admettre que les gouvernantes des enfants (on en engageait souvent de nouvelles) eussent bénéficié des attentions de son amant. Cette humeur jalouse s'accrut à l'arrivée d'une institutrice allemande qui était blonde et jolie. Le maître de maison s'en enticha au point de vouloir l'épouser. Anna fit des scènes, et l'homme, excédé, lui montra la porte. Elle partit. Trois jours, la fugitive erra dans la campagne. Le troisième jour, elle reparut, un baluchon à la main, à la gare, d'où elle envoya par un cocher une lettre à l'inconstant. Celui-ci refusa de recevoir le message. Quand le cocher revint à la station, Anna était morte, écrasée. La lettre contenait ces mots : « Je meurs pour vous. Je vous souhaite d'être heureux avec elle, si les assassins peuvent être heureux. Et si vous le désirez, vous pourrez voir mon cadavre sur les rails... »

Seule la fin dramatique d'Anna offre quelque analogie avec l'héroïne, morte elle aussi sous un train, par désespoir. Mais son récit produisit sur l'imagination de Tolstoï un effet extraordinaire.

La comtesse Tolstoï fut d'autant plus enchantée de voir son mari revenir à la création romanesque que celle-ci, au fil des années, apportait à la famille des ressources de plus en plus considérables. Mais l'accouchement du nouveau roman – que certains, dont Dostoïevski, mettront au-dessus de *Guerre et Paix* – se révéla assez difficile, sans cesse retardé par les affres spirituelles du comte Léon.

Reste qu'un nouveau Tolstoï, moins optimiste, apparaissait dans l'atmosphère de la dernière partie du roman, où les angoisses du créateur perçaient de manière sous-jacente…

Seconde naissance

Souvent, l'écrivain était assis à son bureau, entre le masque mortuaire de son frère Nicolas, une reproduction de la Madone Sixtine et le portrait de Schopenhauer. Du fond du jardin, il entendait le bruit sourd des maillets et les coups de raquette sur les balles : les enfants et leurs invités se livraient au plaisir du croquet ou du tennis. Cette frivolité ambiante, dans ce cadre luxueux, contrastait avec les tourments intérieurs auxquels était alors confronté le maître de maison.

Si Tolstoï se sentait amer, sa femme, elle aussi, tenait sa vie pour dure et austère. Gérer la maison et le domaine, copier les manuscrits de son mari, tailler ses blouses, l'entourer de soins, coudre, soigner, bercer, allaiter, mettre au monde chaque année « un petit Tolstoï » ! Elle aurait tant voulu « être comme tout le monde » sortir, s'amuser, porter de belles robes... En 1877, à l'époque d'*Anna Karénine*, elle n'avait que trente-trois ans !

Cependant, l'avisée Sophie savait très bien quel grand homme était son mari. Aussi supportait-elle vaillamment son existence laborieuse, pourvu que Tolstoï se consacrât à sa véritable vocation : la création artistique. Mais voilà maintenant qu'il parlait de se vouer à la seule recherche de Dieu !

La comtesse Tolstoï notait minutieusement dans son journal l'évolution de son époux : « Depuis l'hiver dernier, il est devenu indifférent à la vie et à tout ce qui l'intéressait »...

Il est difficile de dater avec exactitude les étapes de ce changement intérieur. Rappelons que déjà en 1857, après avoir lu Proudhon, Tolstoï notait dans son journal : « Tous les gouvernements se valent, quant au mal ou au bien. L'idéal, c'est l'anarchie »… Le roman *Les Cosaques* ne recèle-t-il pas l'apologie de la nature opposée à la vie « fausse, oisive et vicieuse » des soi-disant hommes civilisés ? Et *Guerre et Paix* personnifiait déjà le christianisme populaire. Tous les éléments de la future doctrine étaient présents bien avant 1880…

Durant ces deux années cruciales, de 1877 à 1879, Tolstoï continua à être pratiquant. Mais il n'avait de cesse d'interroger avec anxiété les livres saints. Sa femme, inquiète, écrivait à sa sœur Tatiana en novembre 1878 : « Ses yeux sont étranges et fixes. Il lit, lit sans arrêt malgré de violents maux de tête. Tout cela, pour démontrer que l'Église n'est pas en accord avec la doctrine évangélique ! C'est à peine s'il se trouve en Russie une dizaine de personnes qu'un tel sujet puisse intéresser. Mais rien à faire, je ne souhaite qu'une chose, c'est qu'il en finisse au plus vite et que cela passe comme une maladie. »

Il est vrai que Léon souffrait de violents maux de tête, exténué par ses études grecques. Seulement, il ne s'agissait pas là d'une « maladie », mais bien de la plus grande crise existentielle de la vie de Tolstoï. Lui qui s'était astreint à observer les rites de l'Église orthodoxe, à se soumettre à une autorité supérieure, notait le 30 septembre 1879 dans son journal : « L'Église, depuis le IIIe siècle, n'est que mensonges, cruautés, impostures. »

Désormais, en Tolstoï, l'artiste cédait au moraliste et au prophète. C'est à cette époque qu'il décrivit ce revirement, d'une manière bouleversante, dans *Ma Confession,* qui sera complétée en 1882. Un premier texte fondamental, où l'on trouve disposés tous les éléments de sa doctrine : une brutalité ahurissante dans l'autodénigrement, une fureur d'abjuration, le désir farouche d'expier. Ainsi se mit-il à renier l'existence qu'il menait, s'accusant, se confessant avec toute l'ardeur de son tempérament. Pourtant ce fut à un prélat, l'évêque de Toula, qu'il fit part de son désir de se faire moine. Celui-ci l'en dissuadant, il lui dit alors qu'il voulait distribuer tous ses biens aux pauvres. L'homme d'Église répondit que c'était là une « voie dangereuse »…

Toujours plongé dans ses recherches, Léon énonça les principes de ce qui allait devenir une sorte d'Évangile tolstoïen.

Un seul de ces préceptes était positif : aime Dieu et ton prochain comme toi-même. Il brandissait les cinq autres par la négative : ne te mets pas en colère, ne commets pas l'adultère, ne prête pas serment, ne sois l'ennemi de personne, ne résiste pas au mal par la violence – dernière thèse emblématique.

Bien qu'il fût dès lors en rupture avec l'Église, il entreprit, le 10 juin 1881, un nouveau pèlerinage au plus célèbre des monastères russes, Optina Poustyn. Sa légende remonte au XIVe siècle, quand Opta, un féroce bandit, s'y convertit, rompant avec une vie de rapines ; mais c'est seulement au début du XIXe siècle que de vieux sages starets répandirent la réputation du monastère à travers le pays. L'un d'eux, Séraphin de Sarov, laissa derrière lui une prophétie selon laquelle la Russie allait traverser cent ans de période révolutionnaire avant de retrouver le chemin du Christ…

Tolstoï quitta Iasnaïa Poliana vêtu en paysan, la besace sur l'épaule, accompagné d'un seul serviteur, un bonhomme roux porteur d'une valise contenant des vêtements de rechange. Parti pieds nus vers les contrées inspirées de la Russie éternelle, mais plus cavalier que marcheur, il souffrit d'ampoules dès la première étape. Sur la route, il dut acheter des pruneaux pour soigner son ventre. Qu'importait ! Il était heureux.

Les pèlerins logeaient soit chez des paysans, soit dans une auberge. Ils arrivèrent au monastère au soir du quatrième jour. On leur interdit l'entrée du réfectoire réservé aux voyageurs, les renvoyant à celui des mendiants. Après le repas, on les logea pour la nuit dans une cellule avec un vieux cordonnier. Les ronflements de son voisin devenant insupportables, Tolstoï ordonna sans la moindre gêne à son domestique de réveiller le cordonnier, qui se fâcha en pestant contre les aristocrates et les riches…

Le lendemain, le bruit s'était répandu au monastère que « le grand Tolstoï » se trouvait parmi les pèlerins. Aussitôt, l'archimandrite invita le maître à dîner. Le domestique tira de la valise des bottes fines, du linge propre et une blouse. Après le dîner, l'hôte de marque fut conduit, avec son serviteur, dans une suite luxueuse aux murs tendus de velours. Puis les pèlerins rentrèrent chez eux… par le chemin de fer.

Depuis septembre 1881, les études des enfants obligeaient la famille Tolstoï à passer tous les hivers à Moscou, dans une confortable maison entourée d'un vaste jardin située dans le quartier de Khamovniki. Mais dans son for intérieur, Léon s'éloignait des siens. Il notait dans son journal : « Le mois le plus pénible de ma vie. Tous s'installent. Quand donc commenceront-ils à vivre ? »

Bien qu'il détestât la vie citadine, il se soumit aux désirs de sa femme. Au début, il réendossa même le frac pour accompagner sa fille aînée au bal et l'introduire dans les milieux de l'aristocratie moscovite. Quand, relevée de ses onzièmes couches, la comtesse « prit un jour », on se bouscula à ses jeudis. Elle multipliait les visites, accompagnait sa fille au concert, sans voir que, peu à peu, son époux se détachait d'elle. Vêtu d'une touloupe en peau de mouton, il partait de plus en plus souvent en compagnie de bûcherons, pour aller scier du bois de l'autre côté de la Moskova...

En janvier 1882, il participa au recensement de la population moscovite en choisissant les quartiers les plus déshérités, visitant les « bas-fonds », bouges et asiles, observant la misère et affirmant haut et fort : « Un seul moujik vaut bien plus au regard de Dieu que toute une famille d'inutiles de mon espèce. Il porte sa propre vie et la nôtre. (...) Depuis que le tsar libérateur a aboli la servitude, bien des paysans se sont endettés pour louer la terre et les maîtres sont toujours les maîtres. »

Renoncer au luxe, à l'art, à la science, quitter la vie frelatée des villes et vivre avec le peuple en travaillant de ses mains : telle était désormais, ancrée en son âme, l'aspiration de Tolstoï.

Il remit alors une procuration à sa femme pour lui permettre de gérer leurs biens. Et, à Iasnaïa Poliana, vêtu comme un paysan, il se consacra à des travaux manuels, fauchant les foins à côté de ses paysans, charriant du bois, apprenant à confectionner des chaussures et à bâtir un four ; faisant lui-même le ménage de sa chambre.

Il se sentait de plus en plus isolé dans sa propre famille. Le 29 janvier 1884, terminant un article intitulé *Quelle est ma foi*, il écrivit à sa femme : « Tu te prépares sans doute en ce moment à partir au bal. Je vous plains beaucoup, toi et notre fille ! »

C'est alors que surgit un homme redoutable qui allait exercer sur lui une influence déterminante et croissante. Vladimir Tchertkov était un ancien officier, têtu et borné, mais propagandiste talentueux et passionné des idées du maître. Ce sectaire était tout ce que Tolstoï n'était pas :

tenace, obstiné, fanatique. Bientôt, autour du grand homme, deux fortes personnalités s'affrontèrent : celle, violente, impulsive, jalouse, mais toujours passionnément aimante, de sa femme et celle, calculatrice, inflexible et glacée, de ce ténébreux disciple. Selon la comtesse Tolstoï, ce dernier profitait de la crédulité de son maître et se comportait en gourou. Il prit le contrôle de son âme et, en passant, de toutes les éditions de son œuvre…

L'apôtre

La vie du ménage se troubla davantage. Tandis que Tolstoï défendait sa foi, Sophie plaidait pour ses enfants qu'elle croyait devoir défendre contre les lubies d'un père extravagant :

« Tolstoï, le grand ami de l'humanité, torture son épouse et déshérite ses enfants. » Elle s'interrogeait : « S'est-il jamais intéressé à ceux dont il partage la vie ? Le prophète Tolstoï prétend enseigner l'amour universel, mais il ne s'est jamais vraiment préoccupé des siens. »

Jalouse, exclusive, la comtesse répugnait à partager son époux avec quiconque. Il eût été difficile pour les deux adversaires de trouver un terrain d'entente : le mauvais génie veillait, et les arguments de l'insensé pesaient de plus de poids que la logique de l'épouse.

Un jour, elle reprocha à Léon un écart particulier : « Tolstoï, mon mari depuis près de cinquante ans, est pédéraste. J'ai mes preuves. Il ne s'en doute pas ! »

Ses « preuves », c'était l'omniprésence, dans leur foyer, du maudit disciple ainsi que la soumission qu'il obtenait de Tolstoï.

Il est cependant bien difficile d'imaginer l'écrivain, vigoureux amant, si passionnément épris des femmes, et père de tant d'enfants légitimes et illégitimes, agir de la sorte. Des pages de son journal de jeunesse, assez ambiguës, persuadèrent Sophie du caractère fondé de sa supposition. Tolstoï avait écrit en effet : « Il m'est arrivé assez souvent de tomber amoureux d'un homme... Je n'oublierai jamais la nuit où nous sommes partis lui et moi, et où, enveloppés sous la couverture, j'avais envie de le manger de baisers. »

Si la mésentente entre les époux se creusa, ils dormaient néanmoins toujours ensemble. Sophie n'était point « délaissée ». Certes, Tolstoï, fréquemment, s'enfuyait vers « ses steppes ». Mais ces absences étaient brèves. La comtesse en connaissait la raison : à chaque retour, dès la première nuit, elle devait remplir « son devoir conjugal ». Sophie avait l'impression qu'elle ne servait plus qu'à cela et en était révoltée. Elle fit cet aveu à sa sœur : « Parfois un furieux désespoir me gagne. J'ai envie de hurler. »

Au milieu de ces âpres considérations, survint une treizième grossesse. La femme de Tolstoï enrageait d'être de nouveau enceinte. De son côté, le vigoureux prophète se désolait. Il cherchait à l'entraîner vers sa doctrine et elle se refusait à le suivre : « Ses nerfs sont très atteints. Son idée fixe est sa grossesse. C'est un grand, très grand péché. Une honte. »

Malgré ces querelles, Léon était toujours réellement attaché à son épouse. Ce n'était point uniquement le besoin d'assouvir une sensualité impérieuse qui entretenait son ardeur auprès d'elle : à maintes reprises, il eut la tentation de la quitter, pour commencer « la vie de vagabond d'un pèlerin perpétuel », l'errance lui paraissant infiniment préférable à « cette incessante souffrance du cœur ». Ainsi avouera-t-il lui-même plus tard qu'il rêvait de se joindre avec Sophie à un groupe d'émigrants, pour aller « ailleurs commencer une nouvelle vie ». Mais après plus de vingt-deux ans de mariage, était-il admissible de demander à une femme de quarante ans, fatiguée par ses nombreuses couches, qu'elle rompît brusquement avec son existence passée et renonçât du même coup à tous ses biens, pour s'en aller, avec son vieux mari, comme une paysanne itinérante ?

Le 17 juin 1884, à Iasnaïa, Tolstoï eut une nouvelle violente querelle avec sa femme, cette fois-ci à propos d'une vente de chevaux. Il prit alors une besace, y fourra du linge, la chargea sur son dos et s'en fut, déclarant qu'il partait « pour Paris, ou bien pour les États-Unis ».

C'était par une nuit claire. Tatiana, sa fille aînée, âgée de vingt ans à l'époque, vit son père s'éloigner par l'avenue de bouleaux. Mais le déserteur fut saisi d'un remords. Sachant que sa femme était sur le point d'accoucher, il décida de différer son départ et revint sur ses pas.

Le lendemain, le 18 juin 1884, naissait Alexandra, qui eut pour marraine Alexandrine Tolstoï. Cette fille sera le plus fervent et fidèle disciple de Tolstoï, sa secrétaire et l'auteur d'une fameuse biographie en deux volumes : *Mon Père*, parue à New York en 1953.

Dans ce contexte orageux, une séparation fut jugée préférable et, dès le 25 septembre, la comtesse regagna Moscou avec les enfants. Resté seul à la campagne, Léon écrivit à Sophie des lettres de repentir, se traitant d'égoïste et même de « sale animal ». Mais il ajoutait cette petite phrase : « Pourquoi ne t'arranges-tu pas pour dormir seule ? »

Léon et Sophie eurent treize enfants, et selon l'« Évangile » de Tolstoï : « La seule signification de l'acte sexuel, ignoble et bestial, (était) de mettre des enfants au monde »… Finalement ce couple volcanique évitera de faire chambre à part, même si Sophie alléguera plus tard que la sensualité ne tint jamais aucune place dans son amour conjugal.

Une détente entre les époux se dessina néanmoins pendant les trois, quatre années qui allaient suivre.

Un partage du patrimoine de Tolstoï apaisa provisoirement les tourments de la comtesse. Sophie était désormais assurée que la fortune des siens ne serait pas complètement dispersée. Après avoir refusé l'offre de son mari, lorsque celui-ci voulut lui faire l'abandon général de tous ses biens en pleine propriété, elle finit par accepter un partage du patrimoine entre elle et ses enfants. Un premier projet de partage fut ébauché en 1886, mais la régularisation des divers actes traînera jusqu'en 1891.

En attendant, la renommée de Tolstoï dépassait alors les frontières : trois bureaux de poste déversaient chaque jour à Iasnaïa Poliana un volumineux courrier venu de tous les coins du globe. Le moindre écrit du prophète était traduit dans toutes les langues. Désormais, il était considéré dans le monde entier comme la dernière grande figure du siècle finissant.

Cependant, les contradictions de Tolstoï ne laissaient pas de surprendre un grand nombre de ses admirateurs qui posaient cette question simple : « Pourquoi le romancier n'a-t-il pas donné toute sa fortune aux pauvres ? »

Voici la réponse faite par un familier de Tolstoï, Maklakov, ambassadeur de Russie en France, en 1917, au temps du ministère Kerenski : « Parce que sa femme l'aurait fait interdire. » Aussi chercha-t-il une autre solution.

Il renonça personnellement à sa fortune, la laissant presque entière à sa famille. On se moqua souvent de cette solution médiane, et Tolstoï sentait très bien lui-même que ce n'était là qu'un compromis.

Mais ceux qui en déduisent aujourd'hui qu'il aimait le confort et tenait à la richesse ignorent sa véritable personnalité. L'homme cherchait désespérément sa vérité. Sa vie durant, il lutta contre les tendances contradictoires d'une nature trop riche, que seul l'absolu aurait pu satisfaire. Cette recherche inlassable fut l'essence même de son existence. Et il rédigea ainsi, si j'ose dire, les pages passionnantes du « roman de sa vie ».

Sur cette toile de fond, la vie quotidienne à Iasnaïa changea. Le maître avait cessé de fumer et était devenu végétarien. Ce dernier article, était, dans la doctrine, de toute première importance, car « toute chair qu'on mange est cadavre, et tout repas carnivore est complicité dans un meurtre ». D'où de longues discussions entre la comtesse et son cuisinier pour offrir à Tolstoï des menus sans viande, néanmoins succulents, abondants et variés.

Un jour, une tante du maître s'annonça par télégramme On se demanda alors qu'offrir à cette invitée qui aimait la viande. Sophie décida finalement de lui servir du poulet. Mais personne ne voulant tuer le volatile, Tolstoï déclara : « Ne vous inquiétez pas, tout sera fait pour le mieux ! »

Quelle ne fut pas la surprise de la dame, quand, entrant dans la salle à manger, elle aperçut un poulet bien vivant, attaché par la patte à sa chaise et se débattant désespérément. Un grand couteau de cuisine était placé à côté. « Si vous voulez manger de la viande, vous n'avez qu'à vous servir, ma chère ! » dit Tolstoï avec un grand sourire. La tante rit beaucoup de cette plaisanterie et se contenta des légumes et des fruits de ses hôtes.

Durant ces étés 1885-1890, toute la famille, entraînée par l'exemple du père, s'adonna aux travaux champêtres. Même la comtesse, vêtue en paysanne, se joignait à la joyeuse équipe. Quel spectacle insolite !

Mais bientôt la tension au sein du couple remonta de nouveau. En mars 1891, Tolstoï annonça à sa femme qu'il voulait faire une déclaration autorisant n'importe qui à publier ses textes. Il n'écrivait plus de romans mais des essais philosophiques, où il s'interrogeait sur l'art, sur le bien et le mal et surtout sur le destin de l'humanité. Il avait même fondé en 1885 une maison d'édition, pour répandre des brochures spécialement écrites pour le peuple. La censure eut beau saisir tous les exemplaires de *Quelle est ma foi*, le texte se répandit à travers le pays sous forme de feuilles polycopiées.

En avril, Sophie entreprit un voyage à Saint-Pétersbourg pour tâcher d'obtenir de l'empereur la levée de l'interdiction qui pesait encore sur *La Sonate à Kreutzer*. Comme toujours chez Tolstoï, cette œuvre est en partie autobiographique. Comme lui, son héros montre à sa fiancée son journal où sont consignées toutes ses aventures. Le sujet du livre pose le problème du mariage et des rapports intimes entre époux.

Un homme tue sa femme par jalousie. Pour les juges, il s'agit d'un drame passionnel, mais pas pour le meurtrier qui dans un train fait le récit de sa vie à un inconnu. Le problème est plus grave. Il met en cause une société qui offre en pâture à des fiancés de hasard, comme au marché, des jeunes filles ignorantes de la vie. Tolstoï démystifie l'institution du mariage, lui pour qui l'acte même d'amour n'est pas naturel. Les jeunes filles innocentes le subissent et le détestent. Seule l'initiation au vice les entraîne à leur tour dans la débauche...

Le mariage devient ainsi un piège où « deux monstres » s'affrontent. Les querelles succèdent aux querelles, entre-coupées d'apaisements amoureux. Les mots, les menaces deviennent une habitude, un spectacle, presque un jeu. La vanité, la jalousie transforment la vie d'un couple en enfer...

Interdite en Russie par la censure, *La Sonate à Kreutzer* parut d'abord à Genève en 1890. Elle suscita de violentes polémiques. Tolstoï prêchait-il la fin de l'espèce? Courroucé par ces attaques, il écrivit une postface à l'ouvrage: « Le vœu de chasteté n'est pas proposé ici comme une règle générale de conduite, mais comme un idéal. Nul danger, d'ailleurs, que mon conseil soit universellement suivi. Notre espèce ne courra pas le risque de s'éteindre parce qu'une dizaine ou une vingtaine d'humains cesseront de se conduire comme des porcs! »

Ce n'était qu'une théorie. Déjà, en décembre 1890, la comtesse, craignant d'être à nouveau enceinte, écrivit : « La voilà bien, dira-t-on, la vraie postface à *La Sonate à Kreutzer* ! »

Le récit de la visite « chez le tsar » fixé par Sophie dans son journal est passionnant. Une audience lui fut accordée par le tsar Alexandre III le 13 avril 1891.

Jetant un regard furtif sur les cathédrales de la perspective Nevski déserte, la comtesse fit arrêter son équipage devant les portes ouvertes d'une petite église illuminée d'où montaient, tristes et poignantes, les voix d'un chœur de jeunes filles. Éprouvant un sentiment de désespoir, elle eut une irrésistible envie d'y pénétrer, mais, troublée par le souvenir du regard perçant de son mari, elle ne parvint pas à prier. Elle cacha son visage dans son manteau puis ressortit de l'église en se signant trois fois. Dans sa tête caracolaient les souvenirs de sa passion avec Léon, la chaleur de leurs premiers baisers. Le silence n'était troublé que par le léger martèlement de l'horloge…

Le tsar Alexandre III, grand admirateur de Tolstoï, répéta pendant cette rencontre mémorable :

« Comme il écrit, comme il écrit ! » Ainsi Sophie réussit à obtenir ce qu'elle désirait : l'auguste autorisation d'inclure ce livre dans les *Œuvres complètes* de son mari.

Mais cette performance n'apaisa pas pour autant les relations avec son époux. En juillet, apprenant que le comte Léon avait envoyé une lettre aux journaux dans laquelle il déclarait renoncer à tous droits d'auteur sur ses dernières œuvres, la comtesse tenta de se suicider en se jetant sous un train ! Elle fut ramenée chez elle par son beau-frère, rencontré par hasard. Néanmoins, Tolstoï envoya une lettre par laquelle il renonçait à ses droits d'auteur sur toutes ses œuvres et traductions postérieures à 1881, date de sa « nouvelle naissance ». Les revenus sur les œuvres antérieures à cette date – nettement plus significatifs – continuaient à être en possession de sa famille. Il fit alors transférer la propriété de tous ses biens immobiliers à sa femme et à ses enfants et inscrivit dans son journal une sorte de testament. Il demanda notamment :

1) Qu'on l'enterre dans le cimetière le moins coûteux, dans le cercueil le plus pauvre, sans participation du clergé. 2) Qu'on ne parle pas de lui dans la presse. 3) Qu'on rende ses papiers à sa femme, à Strakhov et à Tchertkov, ses disciples les plus proches. 4) Que ses héritiers renoncent aux droits d'auteur sur toute son œuvre.

Alors une incompréhension profonde s'installa définitivement dans le couple : un véritable conflit entre deux conceptions morales incompatibles. Déçu par ses fils, « ces moujiks barbus et indolents », il confiait : « Je n'aurai pas de continuateurs dans mes enfants. Je me dis souvent : Si j'étais menuisier, j'aurais mes fils près de moi, à l'établi. Hélas, il n'en est pas ainsi… Il eût mieux valu que je n'eusse pas d'enfants. »

Nous pouvons imaginer les sentiments de son épouse en lisant ces propos… En réalité, ses trois filles étaient beaucoup plus proches de lui que ses fils. Elles admiraient son génie et s'efforçaient de comprendre le sens de ses humeurs et de ses tourments. Tolstoï aura cependant une grande tendresse pour le dernier né, Ivan, dit Vanetcka. Faible, doux et presque trop sage, il était le favori de ses parents et, malgré son jeune âge, jouait souvent entre eux le rôle de conciliateur. Mais – encore un coup impitoyable du destin – il mourut en 1895, à l'âge de sept ans, emporté en deux jours par la scarlatine : « C'est la première fois que j'éprouve le sentiment de l'irrémédiable », confia Tolstoï à sa femme. Celle-ci était réellement anéantie. Son mari fut forcé de reconnaître que ce grand deuil, au lieu de le rapprocher de sa femme, les avait séparés encore davantage.

Depuis cette tragique nuit, Sophie errait dans le parc de Iasnaïa, hantée par le petit fantôme. Elle se rappelait « tout ce que ce monde puéril avait de tendre et de gracieux comme des œufs coloriés de Pâques ou encore des sapins illuminés à Noël tant aimés par son fils », mais ces images de bonheur étaient perdues à jamais avec la disparition de cet enfant.

Un événement modifia quelque peu cette ambiance funeste. Le pianiste virtuose Taneïev, alors âgé de quarante ans, revint à Iasnaïa pour y passer l'été, dans une propriété voisine. Il apparaissait souvent au dîner chez les Tolstoï et se mettait volontiers au piano à la fin de la soirée. Son talent subjuguait tout le monde.

La comtesse, férue des *Romances sans paroles* de Mendelssohn, ne se lassait pas de les demander au célèbre musicien. L'homme, au surplus, était de compagnie agréable, empressé, déférent, attentif et particulièrement désireux de gagner les bonnes grâces de la maîtresse de maison. Attitude toute naturelle : elle était l'épouse d'un écrivain de génie qu'il admirait profondément.

Taneïev était évidemment loin de supposer qu'elle ne ressentait envers sa personne qu'une bienveillance un peu lointaine. Il rencontrait la comtesse assez souvent dans les allées du parc. Tout le monde nota certains changements « pour le mieux » dans l'humeur de l'épouse meurtrie.

Quand, à la fin de l'été, le pianiste partit, Sophie redevint sombre, mais son enthousiasme récent pour la musique augmenta, comme si elle se fût raccrochée désespérément à quelque dernier rêve. Alors elle fit venir de Moscou un professeur recommandé par Taneïev et se mit à prendre des leçons.

Avec sa perspicacité légendaire, Tolstoï, bien avant les autres, avait percé le petit secret de ces soirées délicieusement accompagnées par la musique de Mendelssohn. Comme le sentiment de sa femme demeurait innocent, il aurait pu prendre en pitié cette amitié tardive. Mais, toujours amoureux de sa femme, il devint… jaloux.

C'est alors qu'il se plongea dans la rédaction de son ouvrage *Qu'est-ce que l'art?* « J'ai parcouru hier les livres, romans, nouvelles, poésies. Je me suis rappelé notre vie à Iasnaïa Poliana, nos interminables quatre-mains, et j'ai vu si clairement que toute cette musique, ces romans et ces poésies, tout cela n'est pas de l'art, que les hommes n'en ont nul besoin, que ce n'est qu'un amusement pour les paresseux, les parasites… Et cependant, la vie, la vie véritable est là, palpitante, angoissée, hérissée de questions urgentes. » (19 juillet 1896).

Presque toute l'année 1897 fut occupée par ce travail. Ainsi les flèches empoisonnées de l'apôtre, blessant tant les artistes du monde entier, auraient eu cette source cachée : un simple dépit de vieux mari, qui voyait sa femme plus jeune regarder avec bienveillance un autre homme, un virtuose, lui-même de douze ans moins âgé qu'elle !

« Que d'emportement, que de méchanceté même, dans ces articles ! » écrivit, lucide, Sophie. Tolstoï partit en attaque contre la musique même, contre « Beethoven ou Glinka qui ne sont pas aussi admirables que la complainte des Bateliers de la Volga. » S'il condamnait encore Shakespeare, il fut indulgent avec Dickens, parce que lui, au moins, écrivait pour le peuple. Tolstoï avait un faible pour ce dernier depuis avril 1861, quand il avait assisté à une conférence, à Londres, de l'auteur de *David Copperfield.*

« Nous sommes des milliers et ils sont des millions ; il faut écrire ce qu'ils demandent, et même ne plus écrire s'ils ne demandent rien. Après tout, on peut très bien vivre sans écrire et travailler plutôt au progrès de sa vie spirituelle. Et tu persistes, écrivait-il à sa femme, à ne pas me comprendre et à invoquer une soif de gloire à laquelle j'aurais tout sacrifié ! »

Dans son journal intime, Tolstoï avait noté, après quelques exemples de sordide misère constatée dans son village, et après avoir même accompagné un convoi de déportés de la prison à la gare pour mieux les observer : « Et nous, nous déchiffrons pendant ce temps du Beethoven ! J'ai prié Dieu de me délivrer de cette existence. Et je prie encore, et je crie de douleur ! Je me suis embrouillé, embourbé, je n'y puis rien, mais je hais, je hais ma vie ! »

L'erreur des Russes, disait-il dans une de ses formules qui résumaient un des problèmes fondamentaux de cette civilisation, était « d'avoir vécu comme des barbares civilisés occidentaux au lieu de rester fidèles aux vrais barbares russes à qui leur ignorance réserve un avenir ». Il travaillait alors à une œuvre majeure : *Résurrection*. Pourtant, il nota le 18 décembre 1899 : « J'ai fini *Résurrection*. C'est mauvais, bâclé, non corrigé, mais je m'en suis détaché et cela ne m'intéresse plus ».

Tolstoï livra son roman aux imprimeurs sans l'avoir véritablement achevé, afin de pouvoir venir en aide à un groupe d'objecteurs de conscience, les *Doukhobors*, exilés au Canada, très sympathiques au romancier, qui avait lancé un appel en leur faveur.

Tel un chevalier des croisades, ce prophète de soixante-dix ans au « visage émacié, au teint sombre, sévère, coulé dans le bronze » – la formule est de Bounine, premier prix Nobel de littérature russe – monta sur son cheval à « délire », les pieds chaussés dans les étriers de bois, la jambe serrée dans la botte, le pantalon large et bouffant, le torse revêtu de la blouse paysanne et la longue barbe fouettée par le vent des steppes...[1]

---

1. Voir Dominique Fernandez, *Dictionnaire amoureux de la Russie*, Plon, 2004.

Le tournant du siècle

Dès lors, Tolstoï porta à l'Europe des temps nouveaux un message de paix. Dans les années qui lui resteront à vivre, d'une plume hâtive, sans artifices, que l'angoisse et les approches de la mort rendront de plus en plus fébrile, il multipliera les appels, les mandements, les prières, comme s'il pressentait ce qui se profilait à l'horizon : une violence sans limites au XXe siècle.

Cette période fut difficile. En février 1901, le Saint-Synode prononça son excommunication. Il reçut alors de nombreuses marques de sympathie. On manifesta dans les rues de Moscou en son honneur, tandis qu'à Saint-Pétersbourg, de grands rassemblements avaient lieu devant son portrait. L'apôtre rédigea une réponse au Saint-Synode, évidemment interdite par la censure, tout en continuant à écrire au tsar pour réclamer la liberté de pensée et l'abolition de la propriété foncière privée. Le grand-duc Nicolas, ami de Tolstoï, se chargea de faire parvenir la missive au tsar.

Malade, il partit pour la Crimée dans une propriété, Gaspra, prêtée par la comtesse Sophie Panine, véritable palais situé dans de magnifiques jardins dominant la mer Noire, dont la beauté l'enchanta.

Mais le destin continua à le frapper. En novembre 1906 mourut sa fille préférée, Marie.

« Je suis peiné, avait écrit Tolstoï en 1890, de la pauvreté morale de mes enfants, à l'exception de Marie. » « Elle seule, écrira plus tard Serge Tolstoï, savait donner à notre père la tendresse, la chaleur dont il avait besoin. »

C'est en 1907 que le redoutable disciple du maître, Vladimir Tchertkov, reparut, de retour d'exil, à Iasnaïa Poliana. La police tsariste, traquant partout les tolstoïens, l'avait expulsé du gouvernement de Toula. Il s'était alors installé près de Moscou où Tolstoï vint le voir à plusieurs reprises. Chacune de ces visites ne manquait pas de rendre plus violentes encore la jalousie et l'animosité de la comtesse Tolstoï à l'égard de « l'envahissant et brutal » disciple de son mari.

Après son exil, Tchertkov avait fini par prendre figure de martyr. Sa situation, à l'égard du maître, s'affermit encore, et il fut propulsé « propagandiste officiel des idées de Tolstoï ». Cependant, ces dix années d'absence n'avaient guère adouci son caractère. En 1908, ce personnage dur, volontaire, autoritaire, borné et mille fois plus tolstoïen que Tolstoï lui-même, avait une alliée en la personne de la jeune Alexandra, fille cadette de Tolstoï. Celle-ci admirait, adorait, vénérait son père et nourrissait à l'égard de sa mère des sentiments malveillants et complexes.

Tchertkov proposa alors à Alexandra de racheter un terrain faisant partie du propre domaine de la jeune femme. Celle-ci accepta. On y fit alors construire une vaste maison de bois. Au premier étage logeaient les « collaborateurs » qui, faute de place, couchaient souvent sur le plancher, enveloppés de leurs manteaux. Mais Tchertkov et les siens habitaient les confortables pièces du rez-de-chaussée.

Quand Tolstoï visita la maison, il poussa un profond soupir. « Qu'as-tu ? » lui demanda sa fille. « Je souffre de voir cela », répondit le vieux prophète.

Les dernières années de Tolstoï continueront d'être assombries, voire empoisonnées par la rivalité des deux clans qui luttaient à la fois sur un terrain sentimental et matériel : la possession des manuscrits, des journaux intimes, enfin du testament du vieillard. Ce fut le véritable roman noir de Tolstoï !

À quel point fut-il plus pur, plus détaché, plus humain, plus noble que cette meute qui l'entourait et le harcelait ? Évitons de porter un jugement hâtif, aussi bien sur la conduite de celle qui fut sa compagne fidèle et souvent incomprise, acariâtre et surmenée, que sur celle de sa fille Alexandra, trop jeune, trop dure et sans doute trop bornée pour comprendre son véritable rôle. Car il n'y avait aucune commune mesure entre les deux parties qui s'affrontaient et leur proie.

« Mon âme est si lourde, si torturée. Je me demande à moi-même ce que je veux : les quitter tous. Pour aller où ? Vers Dieu. Je veux mourir. Je désire honteusement la mort. » C'est ce qu'il écrivit dans le petit carnet intitulé *Journal pour moi seul*, caché au fond de sa botte.

Quarante ans plus tard, sa fille Alexandra se remémorera dans son livre : « Je faisais parfois un rêve : mon père et moi habitions une petite maison villageoise. Il travaille toute la matinée, pendant que je fais le ménage, lave, fais la cuisine. Nous avons un potager, une vache, quelques poules. Le soir, je recopie ce qu'il a écrit dans la journée… Mais ma mère, qu'adviendra-t-il d'elle ? Jamais elle n'acceptera une telle vie. Elle s'installera d'un côté avec ses médecins, ses laquais, ses femmes de chambre. D'un autre côté, s'installera Tchertkov avec ses collaborateurs, ses photographes. De nouveau, ils recommenceront tous à noter chaque parole de mon père, à transcrire, à photographier…

« Non, mon père ne pourra jamais s'en aller ! Sa gloire le ligote, les hommes ne le laisseront jamais tranquille, ils ont besoin de lui ; sans lui, ils ne sont rien ! »

Le crépuscule

C'était maintenant le déclin, l'heure du crépuscule. Tolstoï continuait d'écrire, selon une habitude, une nécessité aussi puissante que la vie elle-même. En septembre 1907 parut son article, *Ne tue pas*, puis, en mai 1908, un autre sur l'abolition de la peine de mort, *Je ne peux plus me taire*, qui fera grand bruit, sera publié dans la presse étrangère, et, par fragments seulement, dans la presse russe. Il continuait aussi à travailler à des écrits pédagogiques. Il commença en outre à apprendre l'hébreu.

Pour son quatre-vingtième anniversaire, le grand homme reçut des monceaux de cadeaux, de lettres et de télégrammes qui ne le touchèrent pas... « J'ai l'âme lourde. »

En septembre 1909, il se rendit pour la dernière fois à Moscou. Une foule immense l'acclama, lui criant adieu. Vieux et las, l'apôtre regarda d'un air rêveur ces hommes qui couraient et assiégeaient son wagon. Cet adieu de Moscou à son grand homme fut filmé en des images infiniment poignantes.

Il notait alors dans son journal : « J'aimerais revenir à l'activité littéraire, mais je n'en éprouve pas un besoin irrésistible. »

Un étudiant lui écrivit, lui demandant de renoncer à son titre de comte, à ses biens, au confort de sa vie et de se faire vagabond, d'aller mendier de porte à porte. Tolstoï lui répondit que c'était là un rêve qu'il caressait depuis long-temps et auquel il n'avait pas renoncé. Mais il nota : « Je ne cesse pas d'avoir honte de ma vie. »

Depuis longtemps, il s'inquiétait de ce que deviendraient, après sa mort, les droits d'auteur sur ses œuvres. Son vœu était que tous ses ouvrages tombassent immédiatement dans le domaine public. On peut s'étonner qu'il ait attendu si tard pour régler cette importante question. C'est que sa femme, hantée par deux idées fixes, la crainte d'un acte de dernière volonté et le désir fervent de récupérer les journaux intimes de son époux où elle craignait d'avoir été représentée comme une furie, exerçait autour du vieillard une surveillance de tous les instants, d'accord en cela avec ses fils. Un testament olographe, pensaient-ils, serait insuffisant pour renverser l'ordre régulier de la succession, mais un testament rédigé devant témoins, dans une forme solennelle, risquait de se révéler extrêmement dangereux.

Pour empêcher le testament qu'elle appréhendait, pour retrouver les journaux depuis longtemps emportés par le redoutable disciple Tchertkov, elle se conduisait effecti-vement comme une mégère. Les scènes succédaient aux scènes. Elle menaçait, criait, continuant à simuler à plusieurs reprises le suicide.

L'atmosphère autour du vieillard était sordide. Ce qui jadis aurait pu rappeler les pièces de Feydeau nous plonge dans l'atmosphère du théâtre de l'absurde de *Fin de partie* de Samuel Beckett.

Tolstoï qui aurait tant voulu partir, tant désiré se retirer dans un ermitage pour y finir sa vie dans le calme et la médi-tation, comme un vieux bouddhiste ou un ermite, se sentait déchiré entre ces violences. Il disait lui-même : « Je suis engagé par Tchertkov dans une lutte qui m'est pénible et me répugne » (*Journal pour moi seul*, 30 juillet 1910).

Mais le 22 juillet 1910 au matin, le redoutable disciple triompha; flanqué de deux de ses acolytes, il retrouva en grand secret Tolstoï dans la forêt qui bordait Iasnaïa Poliana. Le musicien Goldenweiser était également présent. Il remit alors au vieillard une grande feuille blanche. Dans un profond silence, l'apôtre y rédigea son testament puis le signa. Les quatre témoins signèrent à leur tour ce papier par lequel Tolstoï confiait toutes ses œuvres à sa fille Alexandra. En cas de mort d'Alexandra, sa sœur aînée, Tatiana, devait la remplacer.

Le roman noir de Tolstoï touchait à sa fin. Les scènes avec sa femme se multipliant à Iasnaïa Poliana, il tenta, en août, de se réfugier dans la propriété de Tatiana, mais il confia dans son *Journal pour moi seul*: « La vue de ce domaine seigneurial me fait tellement souffrir que l'idée me vient de m'enfuir, de me cacher. »

En septembre 1910, il envoya une lettre adressée à Gandhi, alors « homme de loi » à Johannesburg, à Transvaal. Le mahatma était depuis une quinzaine d'années déjà un fervent disciple de Tolstoï: il avait été bouleversé, dès 1894-1895, par la lecture de *Le Royaume de Dieu est en vous*, et de *Que devons-nous faire?* Cette lettre est en quelque sorte son testament spirituel. Le dogme de la non-résistance au mal y était solennellement proclamé et commenté une fois de plus.

De retour de chez sa fille à Iasnaïa, Tolstoï fut à nouveau harcelé par les siens au point qu'il nota dans son *Journal pour moi seul*: « Ils me déchirent. J'ai envie de les fuir tous. »

Ce qu'il fit d'ailleurs un mois plus tard, dans la nuit du 27 au 28 octobre[1]. Réveillé dans la nuit par des portes qui s'ouvraient, des pas furtifs, Tolstoï perçut un bruit léger de

---

1. 9-10 novembre, nouveau style.

papiers froissés : Sophie fouillait dans ses tiroirs. Submergé de dégoût, il tenta de se rendormir. En vain.

Alors, il se leva et écrivit une lettre d'adieu à sa femme. Puis, à six heures, il quitta Iasnaïa Poliana en compagnie de son médecin, Douchan Makovitski, témoin des dernières heures de Tolstoï, et prit le train en direction du monastère d'Optina Poustyn où ils passèrent la nuit. De là, dans une lettre, Tolstoï pria sa fille Alexandra, restée à Iasnaïa, de lui envoyer les *Essais* de Montaigne, le deuxième volume des *Frères Karamazov*, *Une Vie* de Maupassant. Il lui annonça son intention de repartir le lendemain pour un autre monastère où vivait sa sœur Macha.

Dans la nuit du 12 au 13 novembre, il écrivit à sa femme puis quitta son refuge dans la crainte d'être poursuivi par sa famille. En route, la fièvre le saisit et il se sentit mal. Avec sa fille Alexandra, venue le rejoindre, il descendit à la petite gare d'Astapovo.

On le coucha dans la chambre du chef de gare. Une pneumonie se déclarait. Son redoutable disciple Tchertkov, puis plus tard la comtesse Tolstoï, arrivèrent à Astapovo, mais on cacha au vieillard la présence de sa femme.

Le 19 novembre, Tolstoï parla une dernière fois à ses filles : « Je vous conseille de vous souvenir de ceci : il y a beaucoup d'hommes sur la terre en dehors de Tolstoï, mais vos yeux ne sont fixés que sur lui... »

Il mourut le lendemain, 20 novembre. Tchertkov et Alexandra empêchèrent jusqu'au dernier moment la comtesse Tolstoï d'approcher son mari.

Ce fut le point final du roman noir de ce géant de la littérature. Du 16 au 20 novembre, on avait laissé la compagne de toute sa vie rôder autour de la maison où agonisait son mari, lequel ignorait tout de sa présence. Sophie vécut quatre jours et demi de mortelle angoisse avec ses fils et sa fille Tatiana.

Quand, trois jours avant la mort de son père, Tatiana avait été introduite auprès de lui, Tolstoï s'était informé aussitôt de la santé de sa femme : « Parle, parle, lui dit-il, que peut-il y avoir de plus important pour moi ? » Mais elle n'osa pas révéler au malade que sa mère était là...

Ce ne fut qu'à cinq heures du matin, le 7 novembre selon l'ancien calendrier, qu'on la laissa enfin entrer chez son mari qui était déjà dans le coma. Il mourut une heure plus tard. Épilogue cruel pour ce grand couple.

La comtesse Tolstoï survécut à son illustre époux pendant neuf ans. Elle mourut à Iasnaïa Poliana à l'âge de soixante-quinze ans, le 17 novembre 1919, pendant la terrible tourmente de la révolution bolchevique. Déjà la roue rouge tournait dans le sang, et la veuve du prophète assista, horrifiée, aux premières heures de ces événements tragiques qui allaient emporter son monde et celui de la Russie éternelle.

Annexe 1
La doctrine de Tolstoï
« Un prophète rustique passé par l'université »

Tolstoï semble venir des tripes même de la Russie.

Isolé de sa terre, de son fief de Iasnaïa Poliana, il reste indéchiffrable. Pour comprendre ses idées, il faut le replacer dans ce cadre. Avec son goût du terroir marqué, il semble condenser et codifier les doctrines des sectes populaires.

En dépit de son origine et de son éducation aristocratiques, c'est un esprit de la même trempe que ses paysans.

À vrai dire, le grand écrivain est, lui aussi, une sorte de vestige antique. Il connaît l'art, les littératures, les sciences de l'Occident ; mais tout cela n'a point atténué la ferveur de son âme russe. Dans la sphère religieuse comme dans le domaine social, Léon Tolstoï ressemble fort aux prophètes populaires : il croit que la parole du salut est un talisman sacré.

En matière théologique ou économique, c'est un autodidacte, cherchant solitairement « sa vérité ».

S'il n'ignore pas ce qu'ont fait les autres avant lui, il l'oublie volontiers. Léon Tolstoï prétend tout apprendre par ses propres lumières et se persuade aisément que tout est encore à trouver. Il s'étonne, un moment, d'avoir vu le premier ce que des millions de chrétiens avaient cherché avant lui ; mais cela ne le fait pas douter de sa découverte.

Il a la confiance d'un homme qui croit qu'on peut tout découvrir et tout résoudre. Tolstoï crée sa religion, *Ma religion*, comme il dit.

Comment la forge-t-il? Comme les réformateurs populaires. Il ouvre l'Évangile et il l'interroge comme un livre nouveau, tombé du ciel hier, y apercevant des vérités et des sens cachés.

Comme ses aînés venus du peuple, il suit le texte sacré verset par verset. Peu lui importe que le christianisme, ainsi compris, cesse d'être une religion à la portée de tous, pour devenir une sorte de règle pratiquée par quelques élus.

Le christianisme, tel que l'enseigne l'Église, n'a pu transfigurer l'humanité; cela seul suffirait à condamner l'Église.

Ce que Tolstoï exige de l'Évangile, ce n'est rien moins que la transformation radicale des sociétés humaines.

Il n'a pas toujours été croyant. « Pendant trente-cinq années de ma vie, a-t-il dit, j'ai été nihiliste dans l'exacte acception du mot, un homme qui ne croit à rien. »

Comment s'est-il converti? Il l'a raconté dans sa *Confession*; ses romans seuls nous l'auraient laissé deviner. À travers Bezoukhof, dans *Guerre et Paix,* nous avons assisté à ses doutes et à ses luttes, en nous laissant pressentir d'où lui viendraient la paix et la lumière.

L'idée de la mort l'obsédait; l'ombre de la mort se projetait pour lui sur toutes les joies de la vie. Comme Lévine dans *Anna Karénine*, il a songé à se tuer.

D'où pouvait venir le salut? De là où il était venu à ses incarnations romanesques, de ses rencontres avec de simples paysans. Tolstoï avait remarqué que le mystère de la vie semble plus obscur aux gens du monde qu'aux gens du peuple. L'énigme qui tourmente l'homme instruit n'existe pas pour des millions d'hommes.

Ce que nulle science n'eût pu lui apprendre, le sens de la vie et de la mort, une vieille paysanne, sa nourrice, le savait ; elle avait la foi et aucun doute ne la traversait.

Telle est l'idée maîtresse de Tolstoï. Pour comprendre la vie, il n'y a qu'à se mettre à l'école des simples. Pareil à ses héros, Tolstoï a pris pour initiateur un moujik. Il a, comme eux, rencontré son paysan révélateur. Mais en revenant à Dieu, Tolstoï ne revient pas à l'orthodoxie ; et en cela encore il est l'élève de nombre de paysans. Le secret de la vie est tombé des lèvres de Jésus, mais l'Église, dépositaire de sa parole, l'a dénaturé.

La clef de la doctrine de Tolstoï, c'est la parole de saint Matthieu : « Il a été dit : œil pour œil et dent pour dent, et moi je vous dis de ne point résister au mal qu'on veut vous faire. »

Ne pas résister aux méchants, telle est la base de l'enseignement de Jésus, le « centre » de sa doctrine. Tendre l'autre joue, voilà le précepte essentiel, la règle positive prescrite par le Maître.

Après cela, est-il possible de se dire chrétien et d'avoir une police et des prisons ?

Est-il possible de confesser Jésus-Christ et, en même temps, de travailler, selon la formule de Tolstoï, « avec préméditation » à l'organisation de la propriété, des tribunaux, de l'État, des armées ? D'organiser en un mot une existence contraire à la doctrine de Jésus ?

Jésus a dit : « Ne jurez pas », et Tolstoï, appuyé sur le texte grec, prouve que cette prohibition ne peut avoir qu'un sens : « N'ayez pas de tribunaux. »

Jésus a dit : « Ne tuez pas », et selon Tolstoï cela ne peut s'entendre que d'une manière : « N'ayez pas d'armée, ne faites point la guerre. »

Jésus a dit : « Ne jurez pas », et pour Tolstoï cela signifie : « Ne prêtez serment ni aux tribunaux ni au tsar. »

Ainsi de tous les conseils évangéliques, érigés en préceptes absolus, en nouveau décalogue imposé aux peuples non moins qu'aux individus.

L'Évangile, ainsi entendu, est la négation de l'État. Tolstoï n'en a cure. Il ne porte guère plus d'intérêt à l'État que les vieux croyants russes qui voit dans l'État le royaume de l'Enfer.

Tolstoï ne recule devant aucune conséquence de sa doctrine. Pour l'auteur de *Ma Religion,* Église, État, culture, science, ne sont que des idoles creuses, condamnées par Jésus, par les prophètes et tous les vrais sages, « comme le mal, comme la source de perdition ».

Il veut, lui aussi, détruire cette société maudite et renouveler la face de la terre.

Tolstoï, ce n'est guère que l'accent de tendresse de sa charité. Et cet esprit même se retrouve chez nombre de ses émules du peuple.

Si les hommes vivaient en frères, ils n'auraient besoin ni de gendarmes, ni de soldats, ni de tribunaux.

Dans sa confiance en la discipline intérieure, Tolstoï ne tolère de contrainte d'aucune sorte. Ce que les croyants n'attendent que de la grâce, il semble l'attendre de la nature, que toute sa doctrine violente.

Comme Rousseau, Tolstoï croit que, pour être heureux, les hommes n'ont qu'à s'émanciper des besoins factices de la civilisation. Ne lui objectez pas le progrès, l'industrie, la science, l'art : autant de grands mots vides.

Il ne puise pas dans les déceptions de son amour-propre, mais dans sa compassion pour la souffrance humaine. Avec nombre de réformateurs populaires, il se persuade que la pauvreté des uns provient de l'opulence des autres ; qu'accorder à ceux-ci le superflu, c'est enlever à ceux-là le nécessaire.

Si chaque famille ne peut produire ce qu'elle consomme, il veut que les produits soient échangés en nature.

Tout homme doit vivre du travail de ses mains, à la sueur de son front, dit l'Écriture.

On a dit que Tolstoï préconisait le travail manuel comme un contrepoids au travail cérébral, par hygiène, pour maintenir l'équilibre de l'être humain. Ce n'est ni son unique ni son principal motif. Cet intellectuel affiche pour le travail musculaire une estime absolue.

Tel de ses contes raille avec âpreté le stérile labeur de la tête. Le travail par excellence est le travail de la terre; tous les hommes devraient en vivre.

Tolstoï a publié, à ses frais, un « opuscule d'un sabbatiste », où il est démontré, d'après la Bible, que tout homme doit remuer la terre, au moins trente-cinq jours par an. Le travail industriel, non moins malsain pour l'âme que pour le corps, devrait être aboli, et les villes, supprimées; sa doctrine, il l'a mise lui-même en pratique, autant que peut le faire un Russe de sa classe. S'il n'a pas distribué ses biens aux pauvres, c'est par scrupule de père de famille, et aussi parce que l'aumône ne sert d'habitude à rien; ce n'est pas avec de l'argent qu'on peut secourir son prochain. Tolstoï vit à la campagne; il laboure…

Dans *Ma Religion,* il prône le renoncement à la patrie et le cosmopolitisme, qui lui paraît « bon et grand ».

Dans les *Puissance des Ténèbres*, il montre ses villageois « englués dans le péché », pareils à des brutes abjectes. Par où se relève ce moujik qu'il se plaît, en même temps, à rabaisser et à offrir en modèle? Par la charité, par la foi.

Son héros favori est un vieux paysan vidangeur dont toute parole est un bégaiement; plus l'homme semble bas et borné, plus Tolstoï a de joie à faire éclater chez lui ce qui fait la vraie grandeur de l'homme, le sentiment moral. Au fond des ténèbres opaques qui pèsent sur ses paysans, il aime à faire briller la petite lueur de la conscience, pâle veilleuse qui tremble dans la nuit de leur âme. C'est là, dans leur cœur, qu'est le principe de la régénération des misérables; de là seulement peut leur venir la vraie lumière.

L'apostolat du peuple, telle est la mission que Tolstoï semble s'être donnée. Lui aussi « est allé au peuple »; il s'est plu à en partager la vie et les labeurs; mais, plus heureux que les révolutionnaires ses prédécesseurs et… ses successeurs, il a su parler la langue du moujik et s'en faire comprendre.

Il est allé au peuple, non pour attiser ses haines mais pour lui apprendre l'amour et le sacrifice.

Tolstoï, ayant renoncé au roman, écrit des contes populaires qu'il fait vendre par des colporteurs quelques kopeks, sans accepter aucun droit d'auteur.

« Naguère, disait-il, en 1886, nous comptions en Russie quelques milliers de lecteurs; aujourd'hui, ces milliers sont devenus des millions, et ces millions d'hommes sont là, devant nous, comme des oiseaux affamés, le bec ouvert, et nous disant: "Messieurs les écrivains, jetez-nous quelque nourriture, à nous qui avons faim de la parole vivante." »[1]

---

1. Voir Anatole Leroy-Beaulieu, *L'Empire des tsars et les Russes*, coll. « Bouquins », Robert Laffont, 1991.

Annexe 2
Quelques pensées de Tolstoï[1]

La vraie vie n'a rien à faire avec le passé, ni avec l'avenir ; c'est une vie du moment présent, qui consiste à ce que chacun fasse maintenant ce qui se présente précisément à lui comme devant être fait. Aussi ne faut-il jamais faiblir dans l'accomplissement de la vraie vie. (*Les Évangiles*.)

« L'homme moyen », c'est-à-dire l'immense majorité des gens civilisés, moitié sceptiques, moitié croyants – tous ceux qui, sans exception, se plaignent de l'existence, de son organisation et prédisent la destruction de toute chose, cet homme moyen, à la question : Pourquoi vit-il, lui, de cette vie qu'il blâme sans rien faire pour l'améliorer, commencera aussitôt, au lieu de répondre directement, à parler non pas de lui-même, mais des choses en général – de la justice, du commerce, de l'État, de la civilisation. L'homme moyen répond exactement ce que répondent le croyant, le philosophe, etc. À la place de la question personnelle, il glisse la question générale, et ce subterfuge, le croyant, le philosophe, l'homme moyen l'emploient également parce qu'ils ne peuvent faire aucune réponse à la question personnelle : Qu'est-ce que ma vie ? parce qu'ils n'ont aucune doctrine

---

1. Les titres de ses œuvres sont précisés entre parenthèses.

positive de la vie. Et ils en sont inquiets parce qu'ils se sentent dans la situation humiliante de gens qui ne possèdent aucune doctrine de la vie, tandis que l'homme, en réalité, ne peut pas vivre en paix sans doctrine de la vie. (*En quoi consiste ma foi.*)

Tout ce que nous faisons pour assurer notre existence ressemble absolument à ce que fait l'autruche quand elle s'arrête et cache sa tête pour ne pas voir comment on va la tuer. Nous faisons pis que l'autruche ; pour établir les garanties douteuses (dont nous-mêmes ne profiterons pas) d'une vie incertaine dans un avenir qui est incertain, nous compromettons sûrement une vie certaine, dans le présent qui est certain. L'illusion consiste dans la ferme persuasion que notre existence pourrait être garantie par la lutte avec les autres. Nous sommes tellement habitués à cette chimère des soi-disant garanties de notre existence et de notre propriété que nous ne remarquons pas tout ce que nous perdons pour les établir. Nous perdons tout – toute la vie. Toute la vie est engloutie par le souci des garanties de la vie, par les préparatifs pour la vie. (*Le Salut est en vous.*)

L'hypocrisie générale a tellement pénétré, corps et âme, toutes les classes de la société, que rien ne peut indigner personne. (*Le Salut est en vous.*)

Plus les hommes croiront qu'il ne dépend que d'eux seuls de modifier leur vie, plus cela deviendra possible. (*Le nonagir.*)

Ni l'homme ni l'humanité ne peuvent revenir en arrière. (*Le Salut est en vous.*)

La doctrine de Jésus, comme toute doctrine religieuse, contient deux parties : 1) une partie morale, éthique, où il est enseigné comment les hommes doivent vivre chacun séparément et tous ensemble ; 2) une partie métaphysique où se trouve expliqué pourquoi il faut que les hommes vivent ainsi et non autrement. L'une est la conséquence et en même temps la raison de l'autre. L'homme doit vivre ainsi parce que telle est sa destinée, ou bien : la destinée de l'homme est telle, par conséquent, il doit vivre ainsi. Ces deux parties de toute doctrine existent dans toutes les religions du monde, dans la religion des brahmines, de Confucius, de Bouddha, de Moïse comme dans la religion du Christ. Mais il en a été de la doctrine de Jésus comme de toutes les autres : judaïsme, bouddhisme, brahmanisme. Les hommes s'écartent de la doctrine qui règle la vie, et il se trouve toujours quelqu'un qui se charge de justifier ces écarts. (*En quoi consiste ma foi.*)

Par suite de l'ivresse du pouvoir, les hommes qui y sont ont perdu à tel point la notion de ce qui est le christianisme, que tout ce qui s'y trouve de réellement chrétien leur apparaît comme hérétique, tandis que tout ce qui, dans les Saintes Écritures, peut être dans le sens anti-chrétien et païen leur apparaît comme le principe même du christianisme. (*En quoi consiste ma foi.*)

Pour avoir la foi, il ne faut compter sur aucune promesse de récompense. (*Ma confession.*)

Connaître Dieu, vivre et aimer, c'est la même chose. (*Ma confession.*)

Dieu, c'est la Vie. Dieu, c'est l'Amour. (Ma confession.)

L'ivresse que ressentent les hommes sous l'influence de ces excitants : revues, promenades militaires, solennités religieuses, couronnements, est un état aigu et provisoire, mais il y a d'autres états d'enivrement chroniques : celui des hommes qui détiennent une parcelle quelconque du pouvoir, depuis le souverain jusqu'au plus humble policier, et celui des hommes qui se soumettent au pouvoir, deviennent abrutis de servilité et qui, pour justifier cet état, attribuent toujours, comme tous les esclaves, la plus grande importance et la plus haute dignité à ceux auxquels ils obéissent. (*En quoi consiste ma foi.*)

Pour acquérir le pouvoir et le conserver, il faut aimer le pouvoir. Et l'ambition ne s'accorde pas avec la bonté, mais, au contraire, avec l'orgueil, la ruse, la cruauté. (*En quoi consiste ma foi.*)

Ce ne sont pas les meilleurs, mais les pires qui ont toujours été au pouvoir et qui y sont encore. (*En quoi consiste ma foi.*)

Pour l'homme qui vit en esprit il ne saurait y avoir de patrie.
Une des premières conditions de bonheur généralement admises par tout le monde est une existence qui ne rompe pas le lien de l'homme avec la nature, c'est-à-dire une vie où l'on jouit du ciel, du soleil, de l'air pur, de la terre couverte de végétaux et peuplée d'animaux. De tout temps les hommes ont considéré comme un grand malheur d'être privés de tout cela. Voyez donc ce qu'est l'existence des hommes qui vivent selon la doctrine du monde. Plus ils ont réussi, suivant cette doctrine, plus ils sont privés de ces conditions de bonheur. Plus leur succès mondain est grand, moins ils jouissent de la lumière du soleil, des champs, des bois, de la vue des animaux domestiques.

Une autre condition indubitable du bonheur, c'est le travail ; premièrement le travail qu'on a librement choisi et qu'on aime, secondement le travail physique qui procure l'appétit et le sommeil tranquille et profond. Ici encore, plus est grande la part de ce prétendu bonheur qui échoit aux hommes selon la doctrine du monde, plus ces hommes sont privés de cette condition de bonheur. (*En quoi consiste ma foi.*)

La troisième condition indubitable du bonheur, c'est la famille. Eh bien, plus les hommes sont esclaves des succès mondains et moins ce bonheur est leur partage... (*En quoi consiste ma foi.*)

La quatrième condition du bonheur, c'est le commerce libre et affectueux avec les hommes dont le monde est rempli. Or, plus on est haut placé sur l'échelle sociale, plus on est privé de cette condition essentielle du bonheur. Plus on monte et plus le cercle des hommes avec lesquels il est permis d'entretenir des relations se resserre et se rétrécit ; plus on monte et plus le niveau moral et intellectuel des hommes qui forment ce cercle s'abaisse. (*En quoi consiste ma foi.*)

Enfin, la cinquième condition du bonheur, c'est la santé et une mort sans maladie. Et de nouveau plus un homme a monté les degrés de l'échelle sociale, plus il est privé de cette condition de bonheur. (*En quoi consiste ma foi.*)

Le bonheur, c'est de vivre avec la nature, de la voir, de la sentir, de lui parler. (*L'amour du travail et le triomphe du laboureur.*)

En matière de sentiment le manque de logique est la meilleure preuve de sincérité. (*L'amour du travail et le triomphe du laboureur.*)

L'amour ne peut pas être sot ! (*L'amour du travail et le triomphe du laboureur.*)

Toute doctrine révélant la vérité est chimère pour les aveugles. (*L'amour du travail et le triomphe du laboureur.*)

Avant de faire bien il faut cesser de faire mal. (*En quoi consiste ma foi.*)

Bibliographie

Ouvrages en langue russe

De Tolstoï lui-même

L'édition jubilaire des *Œuvres complètes* de Tolstoï, publiée à Moscou entre 1928 et 1958 et qui comprend 90 volumes (*Polnoé sobranié sotchineniï. Ioubileïnoé izdanié*). Le tome 90, comprenant les index, a paru en 1964. Une nouvelle édition en cent volumes, entreprise en 2000, est en cours de publication.

Lettres de Tolstoï à sa femme (*Pis'ma grafa L.N. Tolstogo k jene, 1862-1910*), Moscou, 1915.

Correspondance de Tolstoï avec la comtesse A.A. Tolstaïa (*Perepiska L.N. Tolstogo s grafineï A.A. Tolstoï*), Saint-Pétersbourg, 1911. Volume qui contient les remarquables souvenirs d'A.A. Tolstaïa sur Léon Tolstoï.

Correspondance de Tolstoï avec N.N. Strakhov (*Perepiska L.N. Tolstogo s N.N. Strakhovym 1870-1894*), Saint-Pétersbourg, 1914.

Études

APOSTOLOV, N.N., *Zivoï Tolstoj. Zizn' L. N. Tolstogo v vospominanijah i perepiske*, Moscou, 2001.

BABAEV, E.G., *Lev Tolstoj i russkaja jurnalistika ego epohi*, 2e éd. complétée, Moscou, 1993.

BERMAN, B.I., *Sokrovennyj Tolstoj*, postface de I. Mardov, Moscou, 1992.

BOCAROV, S.G., « Leont'ev – Tolstoj – Dostoevskij », *in* Boêarov, S.G., *Sjuzety russkoj literatury*, Moscou, 1999, pp. 263-398.

BULGAKOV, V.F., *L.N. Tolstoj v poslednij god ego zizni. Dnevnik sekretalja L. N. Tolstogo*, éd. par S.A. Rozanova, Moscou, 1989.

BUNIN, I., *Osvobojdenie Tolstogo*, Paris, 1937.

BURNMEVA, N.I., *Rannee tvoréestvo L.N. Tolstogo. Tekst i vremja*, Moscou, 1999.

EJHENBAUM, B., *Molodoj Tolstoj*, SPb.-Berlin, 1922.

— *Lev Tolstoj. kn. 1 : 50-e gody*, Leningrad, 1928.

— *Lev Tolstoj. kn. 2 : 60-e gody*, Moscou-Leningrad, 1931.

— *Lev Tolstoj. Semidesjatye gody*, Moscou, 1960.

GACEV, G.D., *S. Tolstym vstrcéa cerez vek* (Ispoved), Moscou, 1999. *L.N. Tolstoj. Zizn' i tvoréestvo. Dokumenty. Fotografii. Rukopisi*, sous la dir. de M. Loginov et autres, Moscou, 1995.

— L.N. Tolstoj, *pro et contra*.

— *Tvorcestvo L'va Tolstogo v ocenke ruskih myslitelej i issledovatelej,* anthologie, Saint-Pétersbourg, 2000.

— *L.N. Tolstoj i ego blizkie (Sb. vospominanij)*, éd. par T.N. Volkova, Moscou, 1986.

— *L.N. Tolstoj v vospominanijah sovremennikov*, t. I et II, Moscou, 1960.

LUR'E, Ja.S., *Posle L'va Tolstogo. Ist. vozzrenija Tolstogo i probl.* xx v., SPb, 1993.

MEREZKOVSKIJ, D.S., *L. Tolstoj i Dostoevskij*, Moscou, 2000 (Lit. pamjatniki).

NIKOLAEVA, E.V., *Hudoiestvenny mir L'va Tolstogo, 1880-1890-e gg.*, Moscou, 2000.

— Novye materialy, *L.N. Tolstogo i o Tolstom. Iz arhiva N.N. Guseva*, éd. par L.D. Opul'skaja-Gromova, Z.N. Ivanova, Munich, 1997.

ROMAN L. Tolstogo « Vojna i mir », 4ᵉ éd., Moscou, 1987.

Ouvrages en langues occidentales

AUCOUTURIER, M., *Tolstoï*, Paris, 1996.

BERLIN, I., *The Hedgehog and the Fox: an Essay on Tolstoy's View of History*, New York, 1953, tr. fr. « Le hérisson et le renard », Penseurs russes, Paris, 1984.

CHRISTIAN, R.F., *Tolstoy. A Critical Introduction*, Cambridge, 1969.

CITATI, P., *Tolstoj*, Milan, 1983.

CLAY, G., *Tolstoy's Phoenix. From Method to Meaning in « War and Peace »*, Evanston, Northwestern Univ. Press, 1998.

COURCEL, M. de, *Tolstoï, l'impossible coïncidence*, Paris, 1980.

FERNANDEZ, D., *Avec Tolstoï*, Grasset, 2010.

FEUER, C., *Tolstoy and the Genesis of War and Peace*, Ithaca, Cornell Univ. Press, 1996.

GIFFORD, H., *Tolstoy*, Oxford, 1982.

GOURFINKEL, N., *Gorki par lui-même*, Le Seuil, 1954.

— *Lénine*, Le Seuil, 1959.

— *Tolstoï sans tolstoïsme*, Le Seuil, 1946.

GRANJARD, H., *Ivan Tourguéniev et les courants politiques et sociaux de son temps*, Institut d'études slaves, 1954.

— *Ivan Tourguéniev*, Institut d'études slaves, 1960.

GREENWOOD, E.B., *Tolstoy: The Comprehensive Vision*, Londres, 1975.

GUSTAFSON, R., *Lev Tolstoy. Resident and Stranger. A Study in Fiction and Theology*, Princeton, Princeton Univ. Press, 1986.

HAARD, E., *The Narrative and Anti-narrative Structures in Lev Tolstoj's Works*, Amsterdam, 1989.

HALPÉRINE-KAMINSKY, E., *Ivan Tourguéniev d'après sa correspondance avec ses amis français*, Fasquelle, 1901.

HAMBURGER, K., *Leo Tolstoj. Gestalt und Problem*, Göttingen.

—*Journal de la Comtesse Léon Tolstoï*, I (11), Plon, 1930-1931.

— *In the Shade of the Giant. Essays on Tolstoy*, sous la dir. de H. McLearg, Berkeley, Univ. of Calif. Press, 1989.

LAFFITTE, S., *Tolstoï et ses contemporains*, Seghers, 1960.

— *Tchékhov par lui-même*, Le Seuil, 1955.

LINDSTROM, T.S., *Tolstoï en France*, Institut d'études slaves, 1952.

MANN, T., *Goethe et Tolstoï*, Victor Attinger, 1947.

MARKOVITCH, M., J.-J. *Rousseau et Tolstoï*, H. Champion, 1928.

— *Tolstoï et Gandhi*, H. Champion, 1928.

MAURE, A., *The Life of Tolstoy*, 2 vol., Londres, 1930.

MAUROIS, A., *Tourgueniev*, J. Taillandier, 1952.

MAZON, A., *Manuscrits parisiens d'Ivan Tourgueniev*, Institut d'études slaves, 1930.

MEREJKOVSKIJ, D., *Tolstoï et Dostoïevsky*, Perrin, 1903.

MITTERRAND, F., Texte pour le documentaire *Tolstoï*, France 2, 2003.

PASTERNAK, B.L., *Essai d'autobiographie*, Gallimard, 1958.

PERSKY, S., *Les maîtres du roman russe contemporain*, Delagrave, 1912.

— *Trois épouses : Nathalie Pouchkine, Anna Dostoïevski, Sophie Tolstoï*, Payot, 1929.

PORCHÉ, F., *Portrait psychologique de Tolstoï*, Flammarion, 1935.

REDPATH, T., *Tolstoy*, Londres, Bowes and Bowes, 1960.

REED, J., *Dix jours qui ébranlèrent le monde*, Éditions sociales, 1958.

ROLLAND, R., *Vie de Tolstoï*, Hachette, 1929.

SEMENOFF, E., *La Vie douloureuse d'Ivan Tourgueniev*, Mercure de France, 1933.

SIMMONS, E., *Leo Tolstoy*, Boston, Atlantic Monthly Press, 1946.

Souvenirs sur Lénine – Lénine par les siens; souvenirs de contemporains, Éditions sociales, 1956.

STEINER, G., *Tolstoy or Dostoevsky, an Essay in Contrant*, Londres, Faber and Faber, 1959.

SUARÈS, A., *Tolstoï vivant*, P., Cahiers de la Quinzaine (7ᵉ Cahier de la 12ᵉ série), 1911.

TOLSTOÏ, L., et GANDHI, *Correspondance de Gandhi et Tolstoï...*, Introd., trad. et notes de Marc Semenoff, Denoël, 1958.

TOLSTOÏ, L., *Lettres présentées, traduites et annotées, par Benjamin Goriély*, t. 1, 1842-1860, Éditions de Paris, 1954.

TOLSTOÏ, T., *Journal,* trad. du russe par Banine, préface d'André Maurois, Plon, 1953.

TOURGUENIEV, I., *Lettres à Madame Viardot,* E. Fasquelle, 1926.

TROYAT, H., *Dostoïevsky,* A. Fayard, 1957.

— *Sainte-Russie, souvenirs et réflexions*, B. Grasset, 1956.

— *Tolstoï*, Plon, 1969.

VOGÜÉ, E.M., vicomtesse de, *Le Roman russe,* Plon, 1886.

WEISBEIN, N., *L'évolution religieuse de Tolstoï*, Les Cinq Continents, 1960.

ZWEIG, S., *Trois poètes de leur vie [Tolstoï]*, Stock, 1950.

EUROPE (revue mensuelle):

— février-mars 1960 (numéro spécial consacré à *Gorki*);

— août-septembre 1954 (numéro spécial consacré à *Tchékhov*);

— juillet 1928 (numéro spécial consacré à *Tolstoï*).

Remerciements

Je voudrais exprimer ma gratitude à Isabelle de Tredern qui m'a une fois encore accompagné dans ce travail.

Mes remerciements vont aussi à mes éditeur Sabine et Marc Larivé ainsi qu'à leurs collaborateurs, qui m'ont accordé leur confiance et leur bienveillance.

Je tiens tout particulièrement à remercier les collaborateurs de l'État de la Fédération de Russie qui m'ont permis d'utiliser leurs fonds.

Table

Cet ouvrage a été imprimé par
CPI Firmin Didot à Mesnil-sur-l'Estrée
pour le compte des Éditions Rocher
en avril 2010

Composition et mise en pages réalisées par
Sud Compo - 66140 - Canet en Roussillon
068/2010

Éditions du Rocher
28, rue du Comte-Félix-Gastaldi
98000 Monaco
www.editionsdurocher.fr

Dépôt légal : avril 2010
N° d'impression : 99558
Imprimé en France

Rejoignez le **Club des Amis de Vladimir** !

Vous avez lu et aimé un ouvrage de la collection
« Le Roman des lieux et destins magiques »
dirigée par Vladimir Fédorovski

Nous vous proposons aujourd'hui de rejoindre le **Club des lectrices et des lecteurs** de cette collection qui compte aujourd'hui près d'une centaine de titres.

Grâce à cette **adhésion gratuite,**

✓ découvrez **en avant-première** les nouveautés de la collection ;

✓ profitez **dès maintenant des avantages offerts** aux membres du Club :
invitation au lancement des ouvrages et aux conférences de Vladimir ; participation au tirage au sort annuel pour un voyage vers l'une des destinations de la collection ; offres privilèges sur des manifestations culturelles ;

✓ recevez en **cadeau de bienvenue** l'ouvrage « Le Roman de l'Orient-Express ».
Écrit par Vladimir Fédorovski, cet ouvrage vous entraînera dans un splendide voyage à bord du train mythique qui fait la légende de la Russie.

N'attendez plus, inscrivez-vous dès aujourd'hui !

· ·

Oui, je rejoins le Club des Amis de Vladimir...

Mlle, Mme, M. ....

Adresse postale ....

Code postal ....Ville...

Téléphone..

Adresse mail...@ ....

... et je profite de tous les avantages réservés aux membres.

A retourner à : Editions du Rocher - Club des Amis de Vladimir - 10 rue Mercœur - 75011 Paris
ou : amisdevladimir@ddbeditions.com